北大路書房

・ [JCOPY] 〈(社)出版者著作権管理機構 委託出版物〉
本書の無断複写は著作権法上での例外を除き禁じられています。
複写される場合は，そのつど事前に，(社)出版者著作権管理機構
（電話 03-3513-6969,FAX 03-3513-6979,e-mail: info@jcopy.or.jp）
の許諾を得てください。

目　次

第1部　事例研究の基礎と倫理　1

1章　心理臨床実践と事例研究　2
1．心理臨床における実践　2
　　実践概念の特性と意義／心理臨床実践の構成内容
2．心理臨床における実践研究　5
　　実践研究とは何か／事例研究法の動向と課題
3．実践と研究のジレンマ　11

〔山本 力〕

2章　研究法としての事例研究　14
1．事例概念と事例研究　14
　　事例とは何か／事例研究の定義
2．人称による事例の分類　19
　　一人称の事例／二人称の事例／三人称の事例
3．事例研究の問いと目的―二つのアプローチ　21
　　リサーチ・クエスチョン／事例研究が有効な事例／リアリティ構成と理論モデル構成
4．事例研究における一般化　24
　　「典型例」の抽出と分析／事例から理論への一般化／くり返しによる検証／累積的事例研究

〔山本 力〕

3章　職業倫理と事例の扱い方　30
1．職業倫理と情報・資料の扱い方　30
　　クライエント情報の記録／記録の保管／事例検討会におけるクライエント情報の扱い方／学会発表等に際してのクライエントの同意／出版における留意点／他の関連機関からの照会への対応
2．他の関連領域での倫理綱領と原則　34
　　社会福祉関係／看護関係／医学関係
3．事例報告と守秘義務の相克　38
4．トラブルへの対処と危機管理　39
　　トラブルの予防のための留意点／トラブルへの対応

〔野島一彦〕

第2部　事例の報告と研究のしかた　43

4章　心理臨床における記録　44

1. 記録を書くということ―なぜ書くのか　44
2. 何を記録するか　46
   クライエントのこと／心理臨床家自身について／面接のまとめ
3. どのように記録するか　51
4. いつ記録するか　52
5. 記録の保存と所属　53

菅野信夫

5章　事例報告と資料作成の要領　54

1. 事例報告の定義と目的　54
2. 事例報告の際に提出する資料の書き方　54
   タイトル／報告者の名前と所属／はじめに／事例の概要／面接経過と考察／検討したい点
3. その他の注意すべき事項　64

辻河昌登

6章　事例研究の着想と手順　66

1. 事例研究の準備段階　66
   自分について知る／仕事の現場について知る／現代社会との接点を知る
2. 事例研究の視点　68
   視点を言語化する必要性／視点を明らかにする手順
3. 事例の呈示のしかた　71
   事例の選択／事例の記述と編集
4. 考察と論文の仕上げ　74
   問題への結論を記述する／モデル・仮説を記述する／論文の仕上げ
5. おわりに　76
   心理臨床実践の中の事例研究的要素／事例研究の意義

鶴田和美

7章　事例のプレゼンテーション　80

1. プレゼンテーションの準備段階　80
   プレゼンテーションの意味／プレゼンテーションに求められるもの／プレゼンテーションの方法と課題

  2．ケース・カンファレンスの場合　83
  3．スーパービジョンの場合　85
  4．事例検討会・学会の場合　86

鶴田和美

第3部　事例研究の応用と発展　89

8章　家族・グループを対象とした事例研究　90

  1．家族・グループを対象とした事例研究の特徴　90
   家族療法／グループ・ワーク
  2．家族療法の事例研究の方法と実際　94
  3．グループの事例研究の実際　98
  4．まとめ　99

亀口憲治

9章　歴史的人物の事例研究　100

  1．事例研究の進め方　100
  2．資料の質の問題について　101
  3．解釈の問題　103
  4．どのような立場から接近していくか　104
  5．事例研究の実際　105
   善導の夢／第一夜の夢の分析例

名島潤慈

10章　PAC分析と「個」へのアプローチ　108

  1．私の臨床体験　108
  2．PAC分析開発の経緯　109
  3．PAC分析の技法概観　110
   ある女子学生の孤独感の例／被験者によるクラスター解釈
  4．PAC分析のなかで何が起きているのか　114
  5．事例報告・研究への提言　115
   実験から調査，そして事例へ／解釈の3つのステップ

内藤哲雄

11章　事例検討・事例研究の経験と工夫を語る　118

  1．はじめに　118
  2．自分自身の体験から―通信分析による事例検討　120

3．流れにのってつかんでゆく　122
　　　　流れに添いながらの連想／押しつけずともにわかっていこうとする姿
　　　　勢で／レジュメ再考
　　4．事例研究の一つの方向性　125
　　　　クライエントとの共有とふり返り／職人芸的な指導と修業

　　　　　　　　　　　　　　　　　　　　　　　　　　　　　　田中千穂子

終章　臨床的リアリティをどう伝えるか　128

　　1．臨床経験に存在する二層性　128
　　　　心的リアリティについての仮説的特性／経験と技術／経験とことば／
　　　　経験の組織化／論文を書く動機／境界としてのことば
　　2．いわゆる学会誌論文の諸側面　136
　　　　研究目的／関連の先行研究論文／内容について／事例について

　　　　　　　　　　　　　　　　　　　　　　　　　　　　　　鑪幹八郎

あとがき

第1部

事例研究の基礎と倫理

　「事例研究」に関するイメージや認識は個々人によって相当に異なっていると思われる。また，学問領域によって，あるいは学派によっても，その意味合いが少しずつ違っている。そこで第1部の1章・2章では，心理臨床の活動を「心理臨床実践」として概念化し，その実践活動を深めていくために必須の事例研究とは何かを編者の立場から明確にしていきたい。その上で，3章において臨床実践と表裏一体の倫理の問題，とくに報告や研究を行ううえで十分な配慮が必要なプライバシー保護などの問題に関して関連職種での倫理規定も含めて整理を行った。

1章 心理臨床実践と事例研究

　心理臨床家は心理社会的な困難さを抱えたクライエントを支援することを求められている。クライエントはいかに生きており，面接の場に何を求めて来ているのか。どうすればクライエントの心が癒されるのか，あるいは人格的に成長するのか。クライエントの生活の質（QOL）をいかにして高めるのか。こうした課題を解決するために，クライエントと臨床家が協同して取り組むのが心理臨床の実践である。臨床家は実践を通して考え，考えたことに基づいてまた実践する。すなわち，心理臨床実践とはクライエントの心の支援という狙いに沿って方向づけられた臨床活動である。この実践（プラクティス）を成功裏にやり抜くために事例の検討は欠かせない。心理アセスメントの結果や面接過程を距離をおいて対象化し，十分に検討しておくことは職業的な責任でもある。したがって，心理臨床の「研究」は，実践の過程と不離不可分であり，伝統的な心理学研究法だけでは用をなさない。それが事例研究を必要とするゆえんでもある。

1　心理臨床における実践

　心理臨床の活動を，最近まで「実践」や「プラクティス」ということばを用いて論議することはあまりなかった。教育実践やソーシャルワーク実践ということばはしばしば耳にしてきたが，心理臨床実践と呼称することは少なかった。筆者が心理臨床を実践という視座からみはじめたのは，1994年の心理臨床学会シンポジウム「臨床心理士の養成と訓練―専門性としての"臨床心理行為"」の論議あたりではなかったかと思う。心理臨床の独自性と専門性を明らかにする意図で「臨床心理行為」という用語が「医行為」との対比において提案（東山，1995）された。臨床心理行為も心理臨床実践も英語で表記すると"clinico-psychological practice"となり，基本的に同義と考えてよいと思われるが，日

本語のニュアンスは異なる。臨床心理行為という用語は「医行為」と異なる独自の臨床活動であることを明示する意図が強い。それに対して，心理臨床「実践」という呼称は「理論」との対比において用いられる傾向がある。つまり，現場での心理臨床的な実践活動，その実践理論や技術の必要性，有効性などの含意が強調されているように思われる。

いずれの用語を使うにしろ，心理査定や心理療法，コミュニティ臨床などの臨床活動を「実践」という包括的概念で把握することによって，臨床家として何をなすべきかが再確認され，職業的専門性の特性がみえてくる。

(1) 実践概念の特性と意義

第一に，実践とは，何かをただ行うことではなく，援助という明確な目的をもった活動であるので，そのための「専門的技能」が必要である。実践に対応する英語 practice には，練習・訓練・稽古の意味がある。心理検査や面接の訓練を重ねることによってはじめて実践が可能となる。検査技法の習得のような技能訓練だけでなく，人間理解に対する専門的な「目を養う」ことも稽古しなければならない。「目利き」の鑑定士のように，訓練された目を持たねばならない。

第二に，専門家としての実践には，それを裏づけ支える「理論」がいる。実践と理論は表裏一体であり，相補的な関係にある。たとえば，ユング派には元型モデルがあり，サリバン派（文化学派）なら対人関係モデルがある。また，行動療法は学習理論や認知理論から発展した。家族療法の多くはシステム論に基礎づけられている。心理療法の諸技法の中で，行動療法系の技法は一般心理学に理論的基礎を求めることが容易であるが，面接関係での対話を媒介にした心理療法では，実験的・統計的なアプローチから生まれた理論とは異なる「臨床の知」の枠組みが新たに求められる。

第三に，実践を支える理論を生成するためには「実践研究」が必須となる。臨床心理学は応用心理学であるが，ある面ではそうでないともいえる。現場で役に立つ「知」を開発するために，自らの臨床活動を対象化し，評価しなければならない。さらに，心理学とは異なる多様な領域を学際的に学ぶ必要もある。臨床の知は，実践を通して生まれ，実践へと返されていく。だから実践すなわ

ち研究でもある。

　第四に，臨床家は実際に役立つ心理学の知識と手法を求めている。本当に苦しんでいる人を助けるためなら，自分にできることは何でもする。大事なことは「有効性」や「実用性」である。研究においても同様で，信頼性や妥当性という科学的基準よりも，実用性や有効性という臨床的基準を優先することになる。したがって，実践研究は実験論文や調査論文とは異なるルールと視点で適切に評価されるべきと考える。

　第五に，実践には理論の裏づけだけでなく，もう一つの裏づけが必要となる。それが「価値」や「倫理」である。実践は価値（心理臨床の人間観）によって方向づけられる。実践倫理という倫理学用語が示唆するように，実践ということばを用いるとき，役に立たない行為，害になる行為などは含めない。対人援助という実践には常に「価値判断」が入る。暗黙のうちに，規範やルールと照らし合わせて臨床実践を行っている。だから心理臨床実践という職業的営為にはその指針となる倫理綱領がなくてはならない。科学では一般に価値を排除するが，実践では価値や倫理が必須の要件となるからである。

　以上，論述してきた実践概念の特性と意義（図1-1を参照）を自覚し，体得していく過程を通じて，心理臨床家としての職業的専門性を確立していくことが可能となるのではなかろうか。

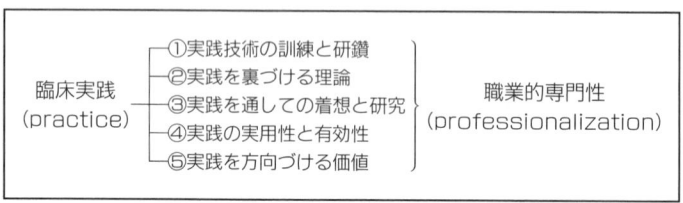

● 図1-1　実践概念の含む意味合いと職業的専門性

⑵　心理臨床実践の構成内容

　ここで心理臨床実践を構成する活動（業務内容）を再確認しておきたい。心理臨床実践を構成する活動や業務は職域によって異なるのは周知の事実であるが，臨床心理士資格審査規定第11条には共通の業務として次のような内容が定められている。「こころの専門家」としての臨床心理士は「高度な心理学的知識

と技能を用いて臨床心理査定,臨床心理面接,臨床心理学的地域援助,及びそれらの研究調査等の業務を行う」者であるとされている。

他方,ソーシャルワーク実践では利用者に直接はたらきかける介入を直接援助技術とよび,それ以外の活動を間接援助技術と称している。この分類法を参考にして,心理臨床実践の中身を直接的な臨床実践（direct practice）と間接的な臨床実践（indirect practice）に分けてみた。間接的な臨床実践は直接的な心理臨床学的なかかわりを後方から支援する大切な活動である。

【心理臨床の直接的方法】
　①臨床心理アセスメント
　②心理療法やカウンセリング
　③心理教育（サイコ・エデュケーション）

【心理臨床の間接的方法】
　④心理臨床的手法によるコミュニティ臨床
　⑤心理臨床にかかわるアドミニストレーション
　⑥事例検討やリサーチ

ここでは11条の業務内容以外に,直接的な方法として教育領域や精神保健領域で試みられている「心理教育（psycho-education）」を加え,間接的な方法として相談室などの心理臨床施設での経営,管理などを意味する「アドミニストレーション」の仕事も付け加えている。これらは今後の重要な課題となろう。

2　心理臨床における実践研究

心理臨床の事例研究は実践研究の一つの形態である。かつて続と八木が監修した『心理学研究法』（東京大学出版会）の第13巻において「実践研究」（続・高瀬，1975）の構想が提示された。四半世紀を経た今日,実践研究がようやく心理学研究法の一つとして認知されはじめた。社会的・現実的な要請に促されて認知されるようになったとはいえ,方法論的なパラダイム・シフトを受け入れ,発展させていくにはまだ相当な時間を必要としていると思われる。

(1) 実践研究とは何か

　心理学研究法には暗黙の序列がある。アカデミックな心理学の世界では、実験が最もすぐれた方略で、つぎにサーベイ（調査法）や観察法が位置づけられる。そして事例研究やエスノグラフィは学術論文としてはおそらく番外に位置づけられる。そうした暗黙の前提が大学の心理学研究者の少なくない人たちにある。だから臨床家の多くは肩身の狭い思いをしながら事例研究などの実践研究を続けてきた。心理臨床に携わっている大学の研究者もまたアプローチの違いによる軋轢に巻き込まれることを回避して、実践研究の方法について精緻化を図る努力を怠ってきた。筆者自身の投影も含まれているが、それが心理学研究の実情であったと思われる。

　しかし、近年、現実に関与する実践研究が注目を浴びるようになり、心理学研究法の再検討もさかんになされるようになってきた。ただ、何をもって実践研究とするのか必ずしも研究者間でコンセンサスが得られているわけではない。心理臨床の研究法について精力的に検討している下山は、臨床心理学の視座から「実践型研究」について新しいモデルを提起し、検討を加えている。下山（1997）は実践型研究を以下の4型に分けている。①研究成果を実践に応用する。②実践活動について研究する。③実践を通して研究する。④実践で得られた知見を研究する。最初の2つの類型は「実践活動とかかわる研究ではあるが、実践そのものが研究の場となっておらず、また研究のパラダイムとしては自然科学の枠内にとどまる」とし、実践研究の中核を「③実践を通して研究する」場合とみなしている。同感である。

　私は、心理臨床の実践研究とは「臨床家による、臨床活動のための、臨床実践を通しての研究」であると考えている。この前提に立って実践研究の暫定的な定義を試みておきたい。

【定義】心理臨床の実践研究とは、心理臨床家が臨床実践を通して得られたさまざまなデータを分析・検討し、臨床的な場という文脈における人間の意識や行動の解明、または介入技法の検討や改善を主な狙いとするアプローチである。

（キーワード：関与観察・叙述データ・臨床的文脈・有効性）

定義に示唆されるように臨床的な実践研究の特徴として以下のようなことがあげられよう。まず，関与観察（participant observation）の原則がある。心理療法やアセスメントという介入によって，相手の世界に関与することを通じて獲得されるデータである。二つ目に，そのデータは量的データが部分的に含まれることも少なくないが，その多くは関与観察による叙述的記録（narrative record）という質的データによって構成されている。三つ目に，独立変数が操作できにくい，臨床の場という文脈において生起する事態や心的リアリティを扱うということである。四つ目は，いわゆる妥当性や信頼性という統計的基準よりも，臨床の仕事に「いかに役立つか」という有効性の基準をより重視するものである。

(2) 事例研究法の動向と課題

近年，物理学を規範とする自然科学の研究法とは異なる，オルターナティブな研究法が提唱されるようになってきている。心理臨床学において，この挑戦を正面から続けているのは，河合隼雄の一連の論文であろう。ユング派の視座からきわめて触発的な着想と大胆にして周到な提案がなされてきた。

大学における心理臨床実践の研究の出発点は，相談室紀要に事例論文をコメント付で掲載するという方法がはじまったことにあると思われる。1974年に「河合助教授をはじめ多くの先輩や院生諸君の熱意によって」（梅本，1974），京都大学教育学部の相談室紀要である『臨床心理事例研究』が創刊された。実験心理学こそ心理学の王道であるというアカデミズムの世界にあって，事例報告を臨床心理学の基礎にすえて公開・検討するという編集方針はきわめて勇気のいる画期的なできごとであったと思う。翌年には九州大学教育学部でも成瀬悟策・前田重治・村山正治らによって『心理臨床研究』が発行された。さらに1977年『臨床心理ケース研究』が誠信書房より刊行された。その翌年から，全国の心理臨床家が集い，2〜3時間かけて一つの事例について濃密な検討を行うというスタイルが生まれ，今日の心理臨床学会の発表の基本形式が作られた。かつて村瀬（1995）は，京大の相談室紀要の発行以後の歩みを特徴づけるのは「事例研究運動」であると述べた。

1章　心理臨床実践と事例研究

　ここ十余年（注：1974〜1985）の心理臨床の世界を最も特徴づけているのは"事例研究運動"であるとすることに大きな異論はないと思われる。その評価はなお今後に待たなければならないが，結果としてかなり多くの臨床家が直接・間接に事例研究にコミットする経験を通して，臨床家として何がしか成長してきたことは明らかであろう。この事例研究運動の目指すところは，平たくいえば"治せる専門家"養成のための刺激ということになる。（村瀬，1995）

　臨床研究は常に具体的な事象から出発する。その個々の事象を「事例」として俎上にあげ，学会発表や論文を通じて詳細な検討を重ねる。このような方法を推し進めながら臨床の訓練と研究が展開されてきたという意味で，村瀬のいうように「運動（ムーブメント）」といえるかもしれない。しかし，上記の村瀬論文が出された1980年代後半（昭和60年以降）から，単なる「運動」としてではなく，事例研究法の新たな位置づけが試みられるようになってきた。ここでも河合とそのサークルの研究者の果たした役割は大きいと思われる。

　事例研究の意義と根拠を明確にするうえで大きな援護射撃になったのが，中村（1992）が提起した「臨床の知」の考え方である。中村（1984）は河合との対談のなかで，新たなパラダイムを提起した動機についてこう語っている。

　私のいう"臨床の知"はかなり積極的な問題のテーゼ化のつもりなんです。なぜあえて"臨床の知"なんていうことを言い出したのかというと，臨床やフィールドワークを重要な要素として含む知のあり方が近代科学の知によってまま子扱いにされてきたからなんです。それに"フィールドワークの知"というより臨場感がある。つまりこれは，ただ客観的にものを眺め，分析するのじゃなくて，自分が現場にコミットして，相手との関係の中で考える。そういう知のあり方を示したのです。（p.170-171）

　中村（1984）は「科学の知」と対比しながら「臨床の知」の特性を以下のように整理している。

① 近代の科学の知が原理的に客観主義の立場から物事を対象化して冷ややかに眺めるのに対して，臨床の知は自ら相互主体的に関与して観察する。そうすることによって対象とのあいだに生き生きとした関係や交流を保つようにする。

②　科学の知が普遍主義の立場に立って物事をもっぱら一般性の観点から捉えるのに対して，臨床の知は個々の事態を重視し，事態の生起する特定の状況やトポス（場）を重視する。

③　科学の知が分析的・数量的であり，論理主義的であるのに対して，臨床の知は総合的・記述的であり，共通感覚的である。いいかえれば，表層の現実だけでなく深層の現実にも目を向ける。

屋上に屋を架す類いになるが，中村の提起した研究上の二分法に関する筆者なりの理解を概念的に整理したものを表1-1に示しておく。

◐　表1-1　「科学の知」と「臨床の知」の比較

	パラダイムⅠ：科学の知	パラダイムⅡ：臨床の知
特徴比較	1. 研究者と対象の分離（非関与） 2. 独立変数の統制と操作 3. 多数の標本の抽出と測定 4. 反復・再現可能な量的データ 5. 数量化による客観性の保持 6. 価値の排除	1. 研究者の対象への関与 2. 研究者を含む文脈（状況）の明確化 3. 少数事例の選択と叙述 4. 再現困難な質的データ 5. 合意による妥当性確認 6. 価値の実現

心理臨床以外の領域からも刺激的な問題提起がなされている。やまだ(1997)の『現場心理学の発想』である。やまだは「現場」を日常用語の現場とは区別して「複雑多岐の要因が連関する全体的・統合的場」と規定したうえで，「"モデル構成のために"一回的・個性的な現象を"現場"から研究する現場心理学」を提唱している。その発想は，2章で述べる事例を通しての研究（道具的な事例研究）と共通する。つまり典型的な単一事例を媒介にして理論モデルを構成しようとする発想と同じベクトル上にあると考えられる。

「科学でなければ学問にあらず」「計量的方法を用いなければ学術論文にあらず」式の一元的な方法論への異議申し立ては，さまざまな学問領域で同時多発的に起こっているようにみえる。不思議なことである。たとえば，社会学関係では，自然科学に範をおく「論理実証主義」と対置して，社会的産出物であることばに着目する「社会構成主義」(social constructionism)が関心を集め，エスノグラフィ（民族誌）なども脚光をあびている。佐藤(1992)は「現在，フィールドワークが一つのブームになっており，"フィールドワーク・ルネッサンス"とでも呼べるような状況」になっていると述べている。フィールドワー

クでは，現地の文化に入り込み，その文化によってワーカー自身も変容を余儀なくされながら，なお必要な情報を収集していく。現地の人たちもワーカーのはたらきかけによってまた影響を受ける。いわば相互変容を起こしながら調査が進んでいく。この過程は心理療法のプロセスとそっくりである。

　さらに，教育学の分野でも稲垣・佐藤（1996）らがドナルド・シェーンの提起した概念に刺激され，授業研究におけるパラダイム転換の必要性を論じている。ひところさかんであった所定のプログラムを遂行していく工学的な「技術的実践」ではなく，"今，ここ"で生起する「できごと」の意味とかかわりを授業の中に編み直す「反省的実践」（refrective practice）こそ，子どもの主体的な学びをうながす教育のあり方であるとしている。授業を教師主導で合理的・効率的に行うのではなく，教師と子どもによって生み出される過程に導かれながら発見的・創造的に進めていくのである。授業の中に生まれる，予想外の小さな「できごと」をどう授業に編み込んでいくのか，その展開の過程で子どもと教師が響き合い，学び合う場が生まれてくるあり方が求められているのである。

　こうして心理臨床の事例研究は他の学問領域での類似の動向と共振しながら発展してきたが，新たな課題も浮上してきている。その最大の課題は事例報告と守秘義務の問題であろう。クライエントのプライバシー権の尊重は社会的な趨勢となりつつある。たしかに3章で論及されるように事例報告に際しては倫理基準を守ることが望まれるが，日本の現状を考えるとき欧米式のインフォームド・コンセントの手続きはむずかしいと感じられる。厳密に考えれば考えるほど自己研修のための事例発表も二の足を踏むことになろう。「クライエントに報告の許可を求めるのはむずかしい。だからといって無断で報告して訴えられたら大変だ」というジレンマに陥る。そのような趨勢の中で教育センターなどの臨床施設で研究紀要に事例報告・研究を掲載することをやめたところもあると聞く。しかし，心理臨床の進歩にとって事例研究の果たす意義はなお大きい。臨床家とクライエント双方の福祉と成長に役立つ，新しい事例研究のあり方を工夫すべき時機がきているように思われる。

③ 実践と研究のジレンマ

　ここではプライバシー問題以外のジレンマについても言及しておこう。実践と研究におけるおのおのの目的の違い，あるいはズレの問題である。つまり，クライエントに役立とうとする援助目的と，何らかの課題を解明したいという研究目的とのあいだに生じるズレのことである。

　たとえば，面接途中にあるケースを学会発表しようと決めた途端にかかわり方が微妙に変わってくることがある。遺漏のない発表のためには，援助のうえでは不必要なデータであっても過剰に集めたくなるかもしれない。そうすると面接プロセスにバイアスがかかり，面接関係にマイナスの影響が生じる危険性が生じる。このように発表や研究という目的を強く意識すると，援助関係ではさまざまな副作用が生じやすい。その弊害が起こる危険性を排除するために，学会では終結事例を発表するというやり方をとる。鑢（1998）は「臨床の仕事の特質は自分の経験を遡及的・回顧的に振り返りながらまとめる」ことにあると述べている。要するに実験研究のように事前の計画に沿って行うのではなく，変転する事態に対応しながらかかわった経験を「事後的」に検討することになる。心理臨床の実践研究では，クライエントの福祉が最優先されなければならず，それゆえに心理臨床の「副産物」として研究を進めざるをえない。それが定石である。これは臨床事例を研究する際の宿命的な特質かもしれない。

　この「研究が先か，実践が先か」という問いは，「誰のための研究か」という問いにも連動する。苦労してやり抜いた面接過程を発表したり，論文にまとめようとすると，「クライエントを利用しているのではないか」という自責の念が生じ，私たちの心を痛めることもめずらしくない。実際，大学の附属心理相談室などの業務では，クライエントの側から「モルモットにされる」不安や疑念が表明されることがある。医療なら大学病院の患者の懸念とも共通する。このような点を突き詰めて考えていくと，「クライエントに申し訳なくて事例研究などできない」という悲観的な罪責感にとらわれてしまうかもしれない。事実，公の場での事例発表をまったくしない研究者も少なくない。

　また，時折指摘されるように「事例研究の著者はいったい誰なのか—臨床家なのか，クライエントなのか」という問いがあることも認識しておかねばなら

ない。社会学における事例研究の一つにライフ・ヒストリー，あるいは口述の生活史とよばれる方法がある。その代表的な研究の一つに中野（1977）の著した『口述の生活史―或る女の愛と呪いの日本近代史』がある。岡山県に住む一人の高齢の女性の人生に関する見事な口述記録である。この著書の表紙をみると「中野卓"編著"」となっている。氏名は公開されていないが，著者は自分語りを行った老女である。口述の生活史というアプローチは，話し手の語りをほぼ逐語記録的に文字化して構成するので，「編著」という表記のしかたが自然であろう。一方，心理臨床の事例研究は，クライエントの生の語りはデータの一部であり，臨床家が大幅な編集と再構成を行うことによって面接状況における臨床的リアリティを再現する。換言すれば，心理臨床家側の構成するストーリーとクライエント側の構成するストーリーは異なるので，臨床家が構成した事例研究は臨床家が著者でよいと考えられる。ただ，情報公開などの問題とも関連して，前述の「問い」の意味をよく考慮していく必要があるだろう。

　近代の科学主義は「価値」を超えたところに成立してきた。心理学もまた科学主義の名のもとに価値を排除してきたが，対人援助の学では逆に価値や倫理が大きなテーマとなる。なぜなら臨床実践とはまさに「価値」という指標に導かれながら展開されるからである。ソーシャルワークでは，社会的な価値や人権を正面から見据えた実践体系を組み立てようとしており，私たちも学ぶところが少なくない。

　以上のようなジレンマと困難さを直視したうえで，その困難さを乗り越える努力を払いながら，意義のある事例研究を積み重ねていかねばならない。臨床経験から学ぶこと，臨床実践の質を高めること，新たな研究開発を怠らないこと，それらは職業人として不可避の責任でもあるからである。

引用文献

東山紘久 1995 臨床心理士の養成と訓練―専門性としての「臨床心理行為」 日本心理臨床学会13回大会・学会企画シンポジウム 心理臨床学研究, 12(4), 394-398.
稲垣忠彦・佐藤 学 1996 授業研究入門 岩波書店
河合隼雄 1976 事例研究の意義と問題点―臨床心理学の立場から 京都大学教育学部心理教育相談室紀要, 3, 9-12.
河合隼雄 1990 人間科学の可能性 岩波講座 転換期における人間6 科学とは 岩波書店
河合隼雄 1993 物語と人間の科学 岩波書店
河合隼雄・中村雄二郎 1984 トポスの知―箱庭療法の世界 TBSブリタニカ
箕浦康子 1999 フィールドワークの技法と実際 ミネルヴァ書房
村瀬孝雄 1995 臨床心理学の原点―心理療法とアセスメントを考える 誠信書房
中村雄二郎 1984 術語集 岩波書店
中村雄二郎 1992 臨床の知とは何か 岩波書店
中野 卓（編著） 1977 口述の生活史―或る女の愛と呪いの日本近代史 御茶の水書房
日本臨床心理士資格認定協会 1999 臨床心理士になるために 誠信書房
佐藤郁哉 1992 フィールドワーク―書を持って街へ出よう 新曜社
下山晴彦 1997 心理臨床学研究の理論と実際―スチューデント・アパシー研究を例として 東京大学出版会
鑪 幹八郎 1998 事例報告と事例研究 岡山県臨床心理士会の講演（未公刊）
続 有恒・高瀬常男 1975 心理学研究法 第13巻 実践研究 東京大学出版会
梅本堯夫 1974 臨床心理学における研究論文の意義 京都大学教育学部心理教育相談室紀要, 3, 1.
やまだようこ 1997 現場心理学の発想 新曜社

2章 研究法としての事例研究

　心理臨床家にとって事例研究法は，きわめて実用的で有効なアプローチである。この方法によって「一例を通じて百例に迫る」ような普遍的な研究が可能になればよいが，他の研究法のような定型的な実施手順や解析法に乏しい。結局，自らのセンスを頼りに悪戦苦闘しながら，膨大な時間と労力を要してまとめているのが，大方の臨床家の実態ではなかろうか。

　関連領域である精神医学や福祉学，看護学などでも事例研究が日常的に実施されているが，その精緻度は心理臨床学と五十歩百歩であると思われる。そこで，内外の先行研究を参考にしながら，心理臨床の事例研究の概括的な明細化を行い，事例によるモデル構成の可能性についても検討をくわえたい。

1　事例概念と事例研究

(1) 事例とは何か

　心理臨床では，ケース（case）を「事例」と訳している。近接領域である福祉臨床や看護臨床などでも同様に訳している。原則として医療のように「症例」とはよばない。なぜなら，クライエントの疾患や症状だけをターゲットにしているわけではないからである。事例という用語には症例よりもずっと広い意味がある。日本心理臨床学会の第4回大会で「事例研究とは何か」というテーマのシンポジウムが開催された。その席で小此木（1986）はこう述べている。「事例の〈事〉にはシチュエーションとか事態という意味の〈事〉があります。だから必ずしもクライエント個人についてだけではなく，治療者とクライエントの相互関係，あるいは2人でつくり出すような，ある事態を事例といっているのではないか。さらに，治療者とクライエントが出会う，かかわりを続ける場，私のいう治療構造も含めた事例である」と。臨床家なら学派を越えて，この発言をごく自然に受け止めるであろう。個人心理療法の事例とは，まさに面接状

況で2人の当事者が創出する事態をさし示している。

　もちろん，事例という用語は個別の心理療法以外でも用いられている。家族療法の場合は家族というシステムと家族療法家がユニットとして扱われるであろうし，学校コンサルテーションなら特定の学級，学年団，さらには学校全体が検討の対象となることもある。社会学領域では個々のコミュニティや制度・政策，歴史的事件なども含まれる。具体的な事態なら何でも事例とよべそうであるが，安易には使うべきでない。いわゆる研究方略として「事例」を取り上げる際には，少なくとも2つの要件が必要となるであろう。

　一つ目は，複雑な文脈の中で生起している事態の範囲をどう特定化するかということがある。換言すれば事例のユニット(unit)を確定する必要がある。どの範囲で事態を切り取るのかが問題である。個人・集団・家族・組織・コミュニティなど，さまざまなユニットが想定される。母親面接を事例として取り上げる場合でも，母親と面接者のユニットなのか，母親を含む家族と面接者のユニットなのか，それとも母親をサポートする家族以外のリソースまで含めるのか，ユニットの範囲によって分析のしかたや結果に大きな違いが生じてくる。

　二つ目は，検討の対象となる事例には帰属する範疇（カテゴリー）が必要である。かつて土居（1977）は「ケースという場合は何かのケースということが常に含意されている」と指摘した。抽出された事例が何かのグループなり範疇に属し，できればその範疇の典型例であることが望ましいと考えられている。だから，事例概念には何らかの類型に分類するという作業が想定されている。分離不安の不登校の事例であるとか境界人格障害の事例であるといったように，クライエントの問題像で分類されたり，夢分析の事例とか自律訓練の事例などアプローチの方法で分類されることもある。また両者を組み合わせて検討するのも一般的である。ただし心理臨床では独自の診断カテゴリーをもたないので，医学の「症例研究」のような明確な位置づけは困難であるという実情がある。

(2) 事例研究の定義

　事例を記述した論文集には報告と研究の両者が混在している。鑪（1998）は，研修的意図の濃い事例報告（case report）と新しい仮説を抽出する事例研究（case study）とを識別することを提案している。たしかに，臨床現場での実

2章 研究法としての事例研究

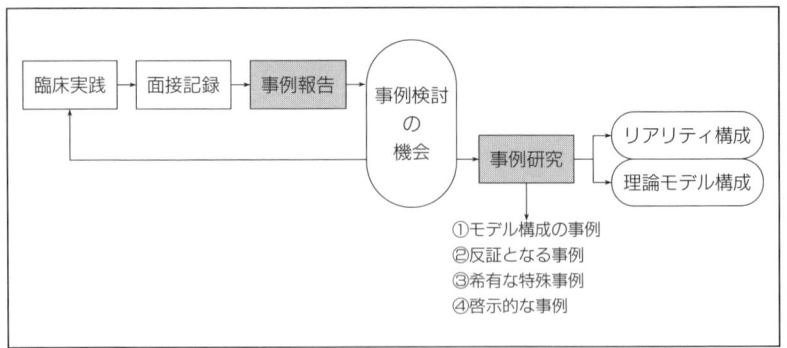

● 図2-1　二人称の事例の「報告」と「研究」

践報告を総じて「事例研究」と称する傾向がある。心理臨床のみならず，看護臨床でも福祉臨床でも大同小異である。事例検討と事例研究もしばしば混同されている。そこで，事例の報告と研究を区別して検討していきたい。これから本章で述べることを図2-1に整理したので対照して読んでほしい。

まず，事例研究から述べる。ひとくちに事例研究といっても目的や手法によってさまざまな形態が生まれてくる。手元にある事典類から12種の定義を抜き出したので，参考までに表2-1に列記してみた。その定義も多様で，辞書によって記述内容に相当な違いがある。これ以外にも引用に値しない説明もあった。

汎用性のある一義的な概念規定は困難であるが，心理臨床における標準的な事例研究を念頭において定義を試みたい。肝心な点は「何らかの新しい知見を事例を通して語らしめる」ことが，事例研究では求められているところにあろうか。

【定義】臨床の事例研究とは，臨床現場という文脈で生起する具体的事象を，何らかの範疇との関連において，構造化された視点から記述し，全体的に，あるいは焦点化して検討を行い，何らかの新しいアイデアを抽出するアプローチである。

この定義について若干の説明を加えておこう。最初の「臨床現場という文脈で生起している」という箇所は，実験研究や調査研究と異なる特徴で，フィールドワークと共通する大切な要件である。心理臨床を構成する複雑な要因，つ

1 事例概念と事例研究

● 表2-1 事例研究に関する諸定義の一覧

引用図書	定　義
社会学事典	統計的方法と対置される調査研究の方法で，ある一定の社会的単位（個人・家族・集団・地域など）を調査対象とし，その生活過程の全体や，あるいは特徴的な諸位相に関する資料を蒐集し，記述的な方法を主としつつ研究する質的な分析方法。（佐藤）
社会福祉実践基本用語辞典	主として研究や教育を目的として行われ，対象の特異な事象や個人に関わるさまざまな問題やその背景について，詳細な個別的，具体的な調査を実施し，その因果関係全体を究明していくことを意図している。さらに，これらの所見を踏まえて，問題解決への手がかりや方向を個別具体的に見出していくことを目的に展開される。
福祉社会事典	ある問題事象を構成する一つの単位を個別の事例として，全体的な社会状況や関連する他の事例を考慮しながら，多面的に把握し，その社会的プロセスを記述する研究。（小林）
看護学学習事典	ある一つの事例に関して，治療・看護の体験を，過去の文献や資料などといろいろな角度から照合・検討して新しい見解やくふうを見いだし，将来の発展へとつなげていく研究方法。
教育心理学小事典	問題を持つ個人の問題を，彼自身の生活史の流れの中で個別的・具体的に把握するとともに，周囲との関わりあいを含めて多面的・総合的に理解し，問題解決の方途を見い出す。（内藤）
心理臨床大事典	ある一つの特殊事例について，クライエントの抱える問題の診断と治療に寄与すると思われる種々の資料を蒐集し，これを系統的 systematic，総合的 wholistic，力動的 dynamic に把握することによって，特定個人の問題の所在や原因，発生条件，心理的機序などを明確にし，当面する問題を解決するための処遇や対策を立案実行しようとする心理学的技法。（杉村）
学校教育相談カウンセリング事典	クライエントに関する情報を詳細に集め，主訴の確認，診断，査定，治療，治療過程におけるクライエントの変化，治療効果の評価などの観点からクライエントという一つの事例について現状および変化を記述していく過程全般。（藤生）
発達心理学辞典	ある特定の事例＝ケース（個人，組織・集団，地域，現象・事象）を対象とした，①その対象が有している問題を解決する活動，②研究の条件を満たす活動のことをいう。（藤田）
教育相談重要用語300の基礎知識	個々の事例に関する各種の資料を収集し，細かく分析することによって，事例への理解を深めたり，その対応について検討するというような方法を用いた研究。（一円）
カウンセリング辞典（ミネルヴァ書房版）	ある一つの事例について，クライエントの抱える問題の診断・見立てと治療に役立つと思われるさまざまな資料を，その個人に焦点を当て，問題に応じて，面接法や観察法，心理査定法，さらに質問紙法や作品法等を適切に使い，縦断的観点とともに多面的に収集する。これをその個人の人格形成にどのように関連があるかを探りながら系統的，総合的，力動的に把握することで，問題の所在や原因，発生条件，心理的機序などを明確にして，問題解決のための処遇や対策を立案実行しようとする心理的技法。（黒川）（抜粋）
Encyclopedia of Social work	Case·study methodologies represent a number of techniques to study people, event, or other phenomena whthin their natural setting. Typically, case studies involve careful observations made over an extended period of time in situations where it is not possible to control the behaviors under observation. The results and interpretation of the data are recorded in narrative form.
Case study research	A case study is an empirical inquiry that ・investigates a contemporary phenomenon within its real-life context, especially when the boundaries between phenomenon and context are not clearly evident. (Yin)

まり，制度的・構造的・対人的・心理的な「文脈（context）」（実験のような形では操作できない独立変数である）の中で生起する事象に対して臨床家がかかわりながら観察し，対象化するというむずかしい作業が含まれる。次の「何らかの範疇との関連において」とは，前述したように個々の事例が何の範疇に属する事態なのかを位置づける作業に言及したものである。第三に「構造化された視点から記述し」との箇所は，事象を対象化する際の「視点」ないしは「認知枠」の重要性を指摘したものである。対象はどの視点からみるかによって様相を変化させる。したがって，研究の狙いと枠組みを明確に意識し，それらを構造化することが大切になる。最後の「全体的に，あるいは焦点化して検討を行う」という文は，事例の検討法の2つの方向性を規定したものである。すなわち，一つの事例の全体像の本質を詳細に厚く記述（thick discription）する方向で進めるのか，事例のもつ特定の側面に焦点をあわせて，研究に不可欠な「重要な事実」（material facts）のみに限定して検討するのか，そのいずれかである。たとえば，面接の全過程を詳述するのは「全体的な検討」に該当するし，面接上のエピソードやインシデント（できごと）を抽出して検討するのは「焦点化された検討」に相当する。これまでの事例研究では事例全体を検討することがふつうであったが，今後はインシデント法のように事例の断片を抜き出して分析することも多くなるであろう。なお，事例研究の多くは「物語形式」（narrative form）で質的に記述されるが，定量的データを一部に含むこともまれではない。

　続いて事例報告の定義も示しておこう。事例報告もその目的によって定義づけは異なると思われるが，事例研究のように「何か新しい知見」（something new）を提出する必要はない。実践的あるいは研修的な要請から報告がなされるのが一般的である。

　【定義】臨床の事例報告とは，臨床現場という文脈で生起する具体的事象を，構造化された視点から詳細に記述し，実践的，研修的な意図をもって検討と報告を行うアプローチである。

　事例報告は，臨床的リアリティの本質を厚く記述したうえで，報告者の「実

践課題やその成果」を検討したり，事例研究の前段階として「探索的な目的」をもって検討と報告がなされたりする。また，ケース・ブックなどに示されている「範例的な事例」（illustrative case）も事例報告の一つとして区分できるであろう。

2 人称による事例の分類

　ここで筆者なりの事例の分類（山本，1998）を試みておこう。分類作業には基準がいる。ここでの基準は，観察者と被観察者の関係性，ないしは距離のあり方である。まず，観察者が自分自身を対象とする場合で，それを一人称の事例とよぶ。次に，心理療法の事例は，「我と汝」の関係において対象にかかわりつつ観察を行う。これは二人称の事例とよべる。最後に，観察者と対象を切り離し，第三者としての観察がなされる。これを三人称の事例といい，心理学者の多くが採用している伝統的手法である。

(1) 一人称の事例

　自分自身を対象として叙述するのが一人称の事例である。今日，無数に出ている闘病記や手記，自分史などがなじみぶかいが，オールポート（Allport, 1942）が個人的ドキュメントと総称した記録の一形態である。彼は個人的ドキュメントを定義して，「意図的ないしは無意図的に，書き手の精神生活の構造とダイナミックスと機能に関する情報をもたらす自己表出的な記録である」と述べている。そして，その形態を以下の6つの領域に分けている。①自叙伝，②質問紙の記述内容，③面接や夢などの逐語的記録，④日記・日誌類，⑤書簡，⑥文学作品など自己投影的ドキュメント。とりわけすぐれた自叙伝は大きな影響力をもたらすこともある。たとえば，1908年に米国のビアーズ（Beers, C. W.）の著した『わが魂にあうまで』は大きな社会的反響をよび，精神衛生運動の起爆剤となったことは周知の通りである。また，一人称のドキュメントを資料として用いて多くの事例研究が行われてきた。

(2) 二人称の事例

　心理臨床家が行っている事例の報告や研究の多くは，二人称の事例としてのアプローチである。すなわち，面接者はさまざまな介入をしながらクライエントの観察を行うので，面接者とクライエントが「ユニット」として一緒に検討される。大方の場合，クライエントの経験と行動を中心に検討を行うが，リサーチ・クエスチョンによっては面接者側の経験に焦点をあてて検討がなされることもある。いずれに問題の焦点があるにせよ，面接者とクライエント（家族・グループを含む）の相互作用の結果として生起する「間の事態」の記録であるので，クライエント側の反応だけでなく面接者側の要因も対象化して自覚的・明示的に記述することが欠かせない。面接者側の無意図的な態度や行動も含めた検討はきわめてむずかしいが，面接者の自己モニタリングをふまえた記述を行うことが事例研究の成否を分かつ大事な要件となろう。

(3) 三人称の事例

　このアプローチが伝統的な意味での事例の捉え方である。研究者のバイアスを最小限に減らすために，自らを第三者の位置において事例を記述する。その際，できるだけ多角的・包括的にデータを収集する。それらの資料を用いて，第三者の視点から可能な限り客観的に事例の全体像を再構成しようとする試みである。表2-1に示した定義の多くも，この類型に属している。

　利用できるデータソースとしては，①直接的な面接記録，②さまざまな水準の観察記録，③日記や手記を含む個人ドキュメント，④心理検査や臨床検査の所見，⑤関係者の証言の聞き取り記録，⑥公文書資料や歴史資料など，さまざまな視点からの資料が想定される。

　このアプローチが採用される領域は多岐にわたる。まず，著名な歴史上の人物の研究（9章を参照）や病跡学は代表的な三人称のアプローチである。精神鑑定も直接的な面接や検査を実施するが，その観察と検討の姿勢は三人称のスタンスを採用する。さらに，複数の人たちがかかわる保健福祉や教育の現場での事例検討会などは，二人称の事例報告を含みながらも全体としては三人称的な事例検討の場となるであろう。

③ 事例研究の問いと目的―二つのアプローチ

(1) リサーチ・クエスチョン

　一般に，リサーチ・クエスチョンはそのねらいによって3種類に区分できる。投網を投げるように何かを「探索」(exploration)したいというねらい，何がどの程度あるかを「記述」(discription)しようとするねらい，なぜ，どのようにしてを「説明」(explanation)する目的である。研究者はどのようなリサーチ・クエスチョンをもつかによって研究方略を選択しなければならない。

　ただ，ここで留意すべきは，よく耳にする方略上のステレオタイプを鵜呑みにしないことである。すなわち，事例研究＝探索的，サーベイ（調査）＝記述的，実験＝説明的，という図式である。この3分法の認識は，必ずしも誤りとはいえないが，かといって常に妥当であるともいえない。ことに事例研究の場合，希有な事態の単一事例報告のように記述的な意図でなされることもあるし，「なぜ，どのように変化したのか」を詳細に検討するという説明の目的で行う事例研究も少なくない。また，記述的であると同時に説明的な研究になっていることもある。加えて，大規模な調査研究の補完としての事例研究というステレオタイプ化した考え方も一考を要するであろう。

　心理臨床の領域ではないが，太平洋戦争における6つの作戦（事例）を通して，日本軍の組織論的研究を行った『失敗の本質』（戸部ら，1991）などは，3つの研究目的が混交しており，個々のケース分析では記述的かつ探索的であり，複数ケースの重ね合わせにより説明的な研究へと発展している。日本軍の戦略上ならびに組織上の失敗の分析を通して「なぜ日本軍が負けたのか」を理論化した事例研究となっているのである。

(2) 事例研究が有効な事例

　事例研究にふさわしい条件とは何であろうか。どのような事例が研究対象として選択されるのか。以下，諸家の見解を参考にして述べてみよう。

　①モデル構成の事例

　後述するように事例研究は心のメカニズムの理解や援助技法に関する新しいアイデアを産出する役割がある。そのアイデアを洗練していくと仮説的なモデ

ルとなる。古典的な例としては，フロイトとブロイアーによる「アンナ，Oの事例（1895）」がある。このブロイアーの著名な事例を通して，フロイトはトラウマ論や浄化法の機序などに関するモデル構成を行っている。事例を重視する研究者は，事例の詳細な記述のみに終わらず，個々の事象間の関連性や因果関係，心のメカニズムなどについて何らかの理論化を試みるであろう。「なぜ」「いかにして」といった疑問に答えるための説明を試みるのである。

②反証となる事例（critical case）

定説化している理論の反証として，単一事例を提示することが有効である場合がある。たとえば，フロイト派から独立して自己心理学を開拓したコフート（Kohut, 1979）の「Z氏の二種の分析」という事例論文がある。彼はZ氏に対して，初めはフロイト派の立場から分析治療を進め，5年を経て実施した二度目の治療では新たな枠組み（自己心理学）から接近し，成功裏に治療は終結した。このZ氏に象徴されるような臨床経験の累積のうえに，コフートは新たな分析モデルを提起したのである。このような事例研究は反証的，批判的な事例研究として位置づけることができる。ただし，オルターナティブなモデルを提示するという意味ではモデル構成の事例という側面も同時に備えているといえよう。

③希有な特殊事例（extreme or unique case）

きわめて特殊な事態や頻度の少ない現象は，その事態や現象を組織的に記述するだけで大きな意義がある。異常心理学の分野でよく知られている例の一つに多重人格（「解離性同一性障害」）の事例研究がある。シグペンとクレックリー（Thigpen & Cleckly, 1954）が報告した「イブの三つの顔」はよく知られた事例で，この疾患について多くの情報を提供した。あるいは，きわめて特異な犯罪を犯した人物の心理・社会的背景を分析した事例研究も，この範疇の事例に該当する。特殊な事例のもつ未知のデータを広く深く集積するには事例研究がすぐれているであろう。

④啓示的な事例（revelatory case）

事象としてはよく知られているが，これまでアプローチがむずかしかった領域に対する研究がある。これはジャーナリズムの潜入ルポのように隠された事実をあらわにするという，啓示的な性格をもつ。たとえば，野田（1992）の『喪

の途上にて―大事故遺族の悲哀の研究』がある。これは昭和60年に起こった日航機墜落事故とその被害者の遺族の悲哀研究である。事故や犯罪による悲嘆者がたくさん存在していることは誰もが知っているが、研究者としては容易に接近しにくい。そこで、参加観察しながら、事例的に接近するというフィールドワーク的手法が有効となる。

(3) リアリティ構成と理論モデル構成

　私たちが行っている事例研究は、リサーチ・クエスチョンに応じて2つのアプローチに大別できるであろう。一つは、探索的・記述的な方向を目的とするスタディである。このアプローチは対象に対する詳細で濃密な観察と調査、それらに基づく詳細な物語的叙述を特徴とする。いわゆる個性記述的（idiographic）で、「リアリティ構成的」な研究法である。他方、特異な個性記述をめざすのではなく、事例の本質にあるアーキタイプやモデルを仮説的に抽出しようとする方法がある。これを「理論モデル構成的」な研究と名づけておこう。統計的手法とは異なるもう一つの法則定立的（nomothetic）な道である。

　①事例自体の研究

　リアリティ構成的な事例研究とは事例自体の明確化が目的である。すぐれた事例の報告を読むと、読み手の側にも臨床のリアリティがみごとに再現される。事例検討会で提出される事例報告は、面接状況で生起している本質的事態をストーリーとして描き出すことを求められる。この場合、取り上げた事例そのものの解明に"本質的"関心があり、事例の"内在的"な事態を明らかにする。その意味で、ステーク（Stake, 1995）は「内在的な事例研究」（intrinsic case study）と名づけている。この方向性は臨床的リアリティを再構成するために事例の全体像やプロセスが詳述（particulalization）される。特定の人物の伝記的研究もこの範疇の代表的な例である。

　②事例を通しての研究

　理論モデル構成的な事例研究とは、事例を通して探索的・説明的なねらいを明らかにする研究である。これは古くて新しいアプローチである。事例の本質にあるアーキタイプを見いだし、理論モデルの構成をめざそうとする。ただし、このモデルは実践のうえで有効な「仮説」ないしは「視点」を提供する枠組み

であると認識するのが適切であろう。著名な心理臨床家の事例研究の多くは，この考え方に沿ったものである。リアリティ構成的な方法が事例自体の研究であるとするなら，モデル構成的な方法は事例を通しての研究であるといえる。だから，提示された事例はモデル構成のための手段・道具であるので，「道具的な事例研究」（Stake, 1995）ともよばれる。この目的を遂行するためには，その事例の属している範疇の「典型例」（representative case）であることが望ましい。

続いて少数事例から普遍的な理論モデルの構成を試みることの妥当性の問題について考察してみよう。

4 事例研究における一般化

実験系の心理学研究は推測統計学の発展に支えられてきた。この推測統計学に依拠する科学主義からみると，心理臨床の事例研究は「文学もどき」の非科学的な研究として批判されてきた。方法論に厳密さを欠くこと，条件の統制や操作ができず，事後研究であることなどが問題とされてきた。そして，最も頻出する批判が次のような声である。「一つの事例からみえてきたことが，どうして全体へと一般化できるのか」という疑問である。

事例研究に対する大きな批判は，この一般化（generalization）への疑問であろう。科学的な実証研究が一般化を志向する以上，事例研究はそのような意味での研究ではないと考えられてきた。したがって事例研究は「個」の特異性を詳述（particularization）する方向で進めていくか，せいぜい現実から仮説を見いだすためのパイロット・スタディであると位置づけられてきた。理論モデルを構成する事例研究をめざす以上，これらの疑問を検討していく必要がある。きわめて困難な課題であるが，筆者の考え方を少し整理してみよう。

(1)「典型例」の抽出と分析

単一事例が他の事例にまで一般化できるのかという疑問の背景には，千差万別の個人差が想定されているからである。もし母集団の散らばりが小さいなら単一事例でも一般化が容易である。実際，個人差の少ない生理的メカニズムを

対象とする視覚領域ではいくつもの単一事例研究がある。しかし，心理臨床の対象は散らばりが大きい。そこで工夫をして，事例の属する範疇や，グループを代表する「典型例」（representative case）を抽出し，そこから一般化をしようとしてきた。そこで問題となるのはその典型の基準である。はたして典型例とは統計的な意味で平均値や中央値に相当する事例と判断してよいのであろうか。たしかに，そういう事例の抽出の仕方もあろう。しかしながら，多くは事態の本質をあらわにしている事例を取り上げているのではなかろうか。本質に迫りうる事例は必ずしも統計的な意味での平均的な事例ではない。むしろ，クライエントの観察力が高く自己記述がすぐれている場合，面接関係や介入のプロセスが明示的な場合，面接過程での危機や失敗を含む場合などである。とりわけ，ある種の危機状況なり極限状況において人間に内在する本質があらわになると思われる。そこに典型性をみるのが事例研究の発想である。「臨床の知」の概念を提唱した中村雄二郎は，第4回日本心理臨床学会のシンポジウムでこう述べている。

　典型というのは，人間の生き方をギリギリに推し進めていったところに出てくる。そして我々がハムレット型人間やドン・キホーテ型人間に共感するところがあるのは，自分の中をどんどん掘り下げていくと，やはりそういう生き方があるからなんですね。そういう点で，ものの極限である限界にいくと，かえってものの典型がよく現れてくることがあるわけです。

大切な点は「リサーチ・クエスチョンを明らかにするうえで，事態の本質を最もあらわにしている事例はどれか」という問いかけにあるのではなかろうか。この問いかけによって浮かび上がってきた事例を「典型例」と操作的に定義したい。だから典型性とは事態の本質を明示的に描写し，その事例を通して本質に迫りうるという意味である。

⑵　**事例から理論への一般化**

前述の議論とも関連するが，もし一般化（generalization）の意味を母集団全体に適用できる法則の発見と考えるなら，おそらく事例研究のめざす方向とはズレることになる。原則として個から全体を推測することはできない。では事

例研究では一般化を行わないのかというと，そうではない。社会学の視座から事例研究を体系的に検討したイェン（Yin, 1994）は一般化への推論を2つの水準に区分している。第一水準の推論が統計的な一般化をなしうる推論である。抽出された多数のサンプルから母集団の特性を推論するという，科学者にとってなじみのある手続きである。第二水準の推論とはサーベイや実験の知見から理論モデルを組み立てる過程である。典型例の事例研究による推論の過程は，この第二水準の推論過程に相当するという。これが事例から理論への一般化（generalization from case to theory）という考え方である。

> なぜ，単一事例から一般化を推し進めることができるのか。この疑問に手短に答えるなら，事例研究は理論的命題へと一般化するのであって，すべての人たちに一般化しようとするものではない。この意味において，ケースは母集団の一つのサンプルではない。研究者の目標は理論的命題へと一般化することである。（Yin, 1994, p.10）

彼は伝統的な意味での一般化を「統計学上の一般化」(statistical generalization) とよび，それに対して事例研究の知見の一般化を「解析上の一般化」(analytic generalization) として意味づけている。上述の「理論モデル構成的な事例研究」とは，解析上の一般化によって構成していくアプローチである。

(3) くり返しによる検証

心理療法の過程において，クライエントの行動に似かよった行動パターンがくり返して確認される。そこで，面接者はクライエントの本質的な心のダイナミズムや構造を理解することができ，それを整理し明確化していくことになる。長期のプロセスをたどるとこの反復性が確認されるので，理解した内容の内的妥当性が高まるといえる。

それは，以下のような河合（1976）の言及にも示唆されている。「（心理療法の旅路という）長い期間に生じる両者の人間関係のあり方を一回一回，一つの実験として考えてみるならば，1人の人間の事例とはいいながら，それは被験者100名に値する重みをもっている…。一つの事例の記述の中に何回もの仮説と検証の過程が組み込まれている」。この発言が，スキナーの単一被験者の実験

デザインに関する発言とも軌を一にするのは不思議なことである。「1時間ずつ1000匹のネズミを用いて研究するかわりに，あるいは100匹を10時間ずつ研究するかわりに，1匹のネズミを1000時間研究する方が見込みがある（吉村，1989)」と。

　臨床例をあげるなら，ある女性クライエントが交際相手との付き合いで分離不安にまつわる諸々の経験を訴えた。別のセッションで，子ども時代に母親がいなくなって怖い思いをしたことが語られる。その後のある日，面接者のやむをえぬ都合で予定されていた面接がキャンセルされた。すると，強い分離不安の反応が出現した。このようなくり返される行動パターンの報告や参加観察に基づいて，分離不安に関する心のモデルを仮説的に構成することが可能となる。そこで見いだされた知見が，他の分離不安のクライエントにも適合することを経験的に何度も確かめつつ，より適切な理論モデルへと徐々に推敲されていくであろう。

(4) 累積的事例研究

　一般化への道を模索する場合，誰もが考えつくことは事例数を増やすことである。多くの事例を並列して重ね合わせながら，そこに浮かび上がる共通項を抽出しようとする。このような発想のもとに行う研究を「複数事例研究（multiple case study)」(Yin, 1994)，ないしは「事例収集研究（collective case study)」(Stake, 1995) とよぶ。これまでの多くの事例研究はこの複数事例研究の方法を用いてきた。たとえば，不登校の事例を30例集めて共通項目を定めて組織的に分析するといった具合である。ただ，この方法を用いていると統計的研究と近似した発想になり，けっきょく「事例」が「標本」化して，事例研究の特色が薄められてしまう危惧がある。

　むしろ，モデル化をめざす事例研究では，典型的な単一事例（single case）ないしは少数事例を通して抽出された仮説を，他の研究結果や実験例と照らし合わせてくり返し検証，ないしは修正していくほうがオリジナルな着想が得られるのではなかろうか。単一事例から見いだした仮説が別の事例でも有効かどうかを実践過程を介して行っていく。この妥当性確認の作業を累積的に積み上げていくうちに法則的な理論へと高められていく。

この論点に関連して着眼点を変えて説明してみよう。司法領域での事例研究ともいえる「判例」研究から得たヒントである。いわゆる「判例」は，私たちの「ケース」という用語の含意とは少し異なる。つまり，判例とは「(最高裁での) 裁判の理由中に示された"法律的判断"」(中野，1986) である。その法律的判断は他の事件でも適用可能な一般性を備えていなければならない。だから事実の認定や刑の量定などの判断は千差万別であるので判例には含まれない。この考えを心理臨床に適用するなら，個々のクライエントに行う「臨床的判断」(clinical judgement) の中で他の事例にも適用可能な本質的判断のみを事例として同定するということになる。この本質的判断がいわば理論モデルに相当する。そのような本質的な「判断内容」を多くのクライエントに適用して有効性が確認されていくなら，やがて一般法則としての位置を獲得するようになる。ちょうど「判例」が累積され，「判例法」として確立していくのと同じ道筋である。このような手続きをふむアプローチを「累積的事例研究」(cumulative case study)とよびたい。典型事例を軸とした累積的検討を通じて普遍的な臨床判断が析出される。それがイェンの規定する「解析上の一般化」と考えるのである。この手法を用いるためには豊富な臨床経験と臨床的な直感力が必要で，研究法として具体的にマニュアル化することはおそらくできないであろう。

引用文献

Allport, G. W. 1942 *The Use of Personal Documents in Psychological Science*. New York : Social Science Research Council. 大場安則（訳） 1970 個人的記録の利用法 培風館
土居健郎 1977 方法としての面接 医学書院
河合隼雄 1976 事例研究の意義と問題点―臨床心理学の立場から 臨床心理事例研究，3，9-12.
Kohut, H. 1979 The Two Analyses of Mr. Z. *International Journal of Psychoanalysis*, 60, 3-27.
中村雄二郎 1986 シンポジウム：事例研究とは何か 心理臨床学研究，3(2)，26-27.
中野次雄（編） 1986 判例とその読み方 有斐閣
野田正彰 1992 喪の途上にて―大事故遺族の悲哀の研究 岩波書店
小此木啓吾 1986 シンポジウム：事例研究とは何か 心理臨床学研究，3(2)，6-7.
Stake, R. E. 1995 *The Art of Case Study Reseach*. London : Sage Publications.
鑪 幹八郎 1998 事例報告と事例研究 岡山県臨床心理士会 講演記録（未公刊）
戸部良一・寺本義也・鎌田伸一・他 1991 失敗の本質―日本軍の組織論的研究 中央公論社
山本 力 1998 今「事例」の報告と研究を再考する 心理教育相談研究，15，1-6.
Yin, R. K. 1994 *Case Study Reseach*. London : Sage Publications.
吉村浩一 1989 心理学における事例研究法の役割 心理学評論，32(2)，180-181.

3章 職業倫理と事例の扱い方

　最近わが国では「こころの時代」ということがよくいわれるようになってきたし，カウンセリングや臨床心理学への関心が高まってきた。それとともに，カウンセリングや心理臨床にかかわる職業倫理的なトラブルも増加してきた。カウンセリングや心理臨床活動そのものについての問題だけではなく，事例の扱い方（クライエント情報の記録・保管，公開など）に関してもさまざまな問題が発生している。そこで本章では，そのようなことに陥らないようにするための留意点，万一トラブルが生じた時の対応などについて述べよう。

　職業倫理というといかめしい感じがするかもしれないが，大事なことをひらたくいえば，「クライエントの益になることを為し，害になることを為さない」ということである。ちなみに，〈日本心理臨床学会倫理綱領〉の「責任」という見出しの第1条の2では，「会員はその業務の遂行に際しては，対象者の人権尊重を第一義と心得て」と述べられている。とくに事例の扱い方をめぐっては，「クライエントのプライバシーの保護」ということが最も大切である。なお，本章でクライエントという用語は，心理臨床活動の対象者という広義の意味で用いる。

1　職業倫理と情報・資料の扱い方

(1)　クライエント情報の記録

　病院などの複数のスタッフが働く施設・機関での面接のなかで得られたクライエントの情報を，公的なカルテなどにどれくらい記録するかはデリケートである。時に，クライエントはその専門家だからということで秘密めいた話をしたのに，（カルテを読んだ）他のスタッフが不用意に「あなたは○○だってね」と言ってしまい，クライエントが心理臨床家に不信感を抱くというようなことがある。そのようなことを避けるには，もしカルテに書くとすれば大事な部分

を赤で囲み，赤で「内密にして下さい」と書くか，かなり抽象的に書くとよいであろう。心理臨床家によっては，カルテには書かなくて，自分個人用のメモに書いておくという人もいる。

クライエントが，「先生，このことはカルテに書かないで下さい」と言うようなことがある。このような場合クライエントは，カルテを当の心理臨床家以外のスタッフも見るということを知っており，それを危惧しているのである。このようにクライエントからはっきりと意思表示がなされた時には，原則として書かないほうがよい。

なお，今日では情報公開ということが求められるようになってきている時代であるだけに，カルテもしだいに公開されるようになっていくことが予想される。カルテの記録（4章を参照のこと）にあたっては，そのようなことも考慮に入れておく必要があろう。

(2) 記録の保管

クライエント情報が記録されているカルテや資料の保管は，くれぐれも慎重でなければならない。それらが無造作に放置されていて，関係者以外の人から見られるようなことがあってはならない。デスクの上に開いたまま置かれていて，他の人から見られるようなことは避けなければならない。所定の位置におく場合にも，絶えず誰か関係者が側にいるようにしたり，それができないような時間は鍵をかけたりするなど，慎重に扱う必要がある。カルテや資料はクライエントそのものに匹敵するくらいに大事に扱うことが求められる。

なお，記録の保存については，施設・機関で法的にあるいはマニュアルなどで決められている場合にはそれに従うことになる。ちなみに，〈日本心理臨床学会会員のための倫理基準〉の「記録の保管」という見出しの第9条では，「会員は，対象者についての臨床業務及び研究に関する記録を5年間保存しておかなければならない」と述べられており，5年間の保存が義務づけられている。ところで，記録を保存しておくことの意義には，後日研究をする場合に役に立つことや，万一トラブルが起こった時の事実確認に役に立つことなどがある。

これは言わずもがなであろうが，記録の廃棄にあたってもけっして他の人が見ることがないように，シュレッダーにかけたり焼却するなどの方法をとる必

要がある。そのまま一般のゴミ扱いで捨てるというようなことはしてはならない。

(3) 事例検討会におけるクライエント情報の扱い方

　まず，クライエントに対してスタッフ全員でチーム・アプローチしている場合の事例検討（カンファレンス）では，クライエントの氏名は当然実名である。また，基本的に情報はスタッフ全員が共有するのがふつうである。ただ，クライエントから，「これは他のスタッフには言わないで」と言われたことについては，原則として出さないほうがよい。

　ただし，その内容がクライエントの自傷他害の恐れにつながるようなものであれば，事情は違ってくる。しかしそのような時でも，〈日本心理臨床学会会員のための倫理基準〉の「秘密保持」という見出しの第6条の2では，「この場合においても，会員は，その秘密を関係者に伝えることについて，対象者の了解を得るように努力しなければならない」となっており，かなり慎重でなければならない。

　次に，心理教育相談室の事例検討会（カンファレンス）のように，クライエントの担当者以外はクライエントを知らないような場合には，クライエントの氏名は実名を用いずに，たとえばA子といった表現をする。また，氏名以外のクライエントの居住地や勤務先などクライエントの特定化につながるような情報は，そのままは出さないようにする。

　なお，どちらの場合であっても，報告のしかたは，クライエントの人間としての尊厳を損なわないような表現をしなければならないのは言うまでもない。また，故意の歪曲，誇張，捏造などはもちろんあってはならない。

　ちなみに，九州大学の心理教育相談室の事例検討会（カンファレンス）では，（前述のようなことに配慮して記述され）配付されたレジュメは，会の終わりには回収することがふつうになっている。また，日本心理臨床学会の2001年の第20回大会案内（1号通信）でも，事例発表の条件として，配付資料について「発表後，資料は回収して下さい」と述べられている。このようなことも大事なことである。

　以上のようなことは，個人スーパービジョンでも同様である。

(4) 学会発表等に際してのクライエントの同意

外部の研修会・研究会・学会などでの発表に際しては，原則としてクライエントの同意を得ることが必要である。〈日本心理臨床学会会員のための倫理基準〉の第6条の3では，「対象者の個人的秘密を保持するために，研修，研究，教育，訓練等のために対象者の個人的資料を公開する場合には，会員は原則として事前に当該対象者又はその保護者に同意を得なければならない」と述べられている。また同会の2001年の第20回大会案内（1号通信）でも，事例発表の条件として，「原則としてクライエントの了解を得たもの（やむをえず了解をとれない場合には，発表要旨の作成および口頭発表に際して，クライエントの秘密保持に細心の注意を払って下さい）」となっている。

なお，クライエントの同意は口頭だけではなく，文書でもとるほうがより確実である。ただし，日本人の場合，改めて文書にするとなると，それだけでクライエントがものすごいことをするかのように思い，躊躇することもある。

(5) 出版における留意点

出版において，カウンセリングや心理臨床活動のようすをよりリアルに伝えるなどのために事例が記述されることがよくある。そのような時には，（前述してきたことのくり返しになるが）プライバシーの保護のためにその人であることを特定化されないような記述のしかたをすることと，クライエントに発表することについて予め了解を得ることがとくに大事である。

クライエントの了解をとらずに出版してしまい，それをクライエント本人から指摘されて問題になるということはこれまでにかなり起こっている。そのような事態を引き起こすと，契約の債務不履行などにより損害賠償をしたり，時には辞職しなければならなくなることもある。

プライバシー保護と事前了解をより慎重に行うには，原稿はクライエントにも目をとおしてもらい，不都合なところは削除したり抽象化するなどするほうがよい。

(6) 他の関連機関からの照会への対応

時に，他の関連機関から，クライエントについての照会・問い合わせがある

ことがある。そのような場合について、〈日本心理臨床学会会員のための倫理基準〉の第6条では「会員は、法律に別段の定めがない限り、対象者の秘密保持のために、他の関連機関からの照会に対して、又は対象者の記録の保存と廃棄等については、十分慎重に対処しなければならない」と述べ、慎重になることを求めている。

具体的問題としては、たとえば岡田（1999）は次のような問題をあげている。ある離婚騒動で、妻がカウンセリングに通っていたことを、夫側が精神不安定として離婚の一つの理由にしていたときに、裁判所が妻がカウンセリングに通っていた病院に問い合わせたところ、病院は簡単に通っていることを認めた。これについて岡田は、「カウンセラーは『そういう問いがあったとは知らなかった。病院が勝手にしていた』といってもカウンセラーとしての責任は問われるのではないだろうか」と述べている。

ちなみにこちらから他関連機関に照会や連絡をする場合には、クライエントの了解を得る必要がある。

② 他の関連領域での倫理綱領と原則

心理臨床の専門家にとって参考のために、心理臨床の他の関連領域（社会福祉、看護、医学）での、クライエントのプライバシーの保護についての職業倫理を概観してみると次のようである。いずれにおいても、プライバシーの保護ということについては、かなり大事にしていることがうかがえる。

(1) 社会福祉関係

①日本ソーシャルワーカー協会の〈倫理綱領〉の「クライエントとの関係」という見出しの4．「クライエントの秘密保持」では、次のように述べられている。「ソーシャルワーカーは、クライエントや関係者から事情を聴取する場合も、業務遂行上必要な範囲にとどめ、プライバシー保護のためクライエントに関する情報を第三者に提供してはならない。もしその情報提供がクライエントや公共の利益のため必要な場合は、本人と識別できる方法を避け、できれば本人の承認を得なければならない」。事情聴取段階から慎重になることが強調され

ている点が特徴的である。

　②日本医療社会事業協会の〈医療ソーシャル・ワーカー倫理綱領〉の2では，「対象者の処遇にあたっては，その意志の自由を尊重し，秘密を守り無差別平等の原則にしたがう」と述べられ，秘密保持の原則がはっきり明言されている。

　③日本精神医学ソーシャル・ワーカー協会の〈倫理綱領〉の本文の3（プライバシーの擁護）では，「精神医学ソーシャル・ワーカーは，クライエントのプライバシーの権利を擁護する」と述べられており，プライバシー保護が明言されている。

　④日本介護福祉士会の〈日本介護福祉士会倫理綱領〉の「プライバシーの保護」という見出しの3では，「介護福祉士は，プライバシーを保護するため，職務上知り得た個人の情報を守ります」と述べられ，プライバシーの保護ということが明言されている。

　⑤法律的には「社会福祉士及び介護福祉士法」の「社会福祉士及び介護福祉士の義務等」の「秘密保持義務」という見出しの第46条では，次のように述べられている。「社会福祉士及び介護福祉士は，正当な理由がなく，その業務に関して知り得た人の秘密を洩らしてはならない。社会福祉士及び介護福祉士でなくなった後においても，同様とする」。社会福祉士および介護福祉士でなくなった後も，プライバシーの保護を守るべきであると強調されている点が特徴的である。

(2) 看護関係

　①古くは〈フローレンス・ナイチンゲール看護婦誓詞〉のなかで，「わが任務にあたりて，取り扱える人々の私事のすべて，わが知りえたる一家の内事のすべて，われは人に洩らさざるべし」と述べられている。この時代からすでにプライバシー保護の考えは明確にあったのである。

　②1953年7月10日，ブラジルのサンパウロにおける国際看護協会の評議会において採択された〈看護倫理の国際規律〉の5では，「看護婦は自分たちに委ねられたすべての個人的情報を秘密にしておかなければならない」と述べられており，秘密保持が明言されている。

　③1973年5月，メキシコにおけるINC会員協会代表者会議にて採択された

〈看護婦の規律――看護に適用される倫理的概念〉の「看護婦と人々」のなかで、「看護婦は、他人の私事に関する情報の秘密を守り、これを他に知らせるにあたっては正しい判断力を用いる」と述べられている。やはりプライバシーの保護を大事にしていることがわかる。

④日本看護協会の〈看護婦の倫理規定〉の3では、次のように述べられている。「看護婦は、対象のプライバシーの権利を保護するために、個人に関する情報の秘密を守り、これを他者と共有する場合については、適切な判断のもとに対応する」。看護婦はチームで働くため、情報の共有はふつうであるが、それは「適切な判断」のもとになされなければならないと明言されている。

(3) 医学関係

①古くは有名な〈ヒポクラテスの誓い〉のなかで、次のように述べられている。「治療経過の中であれ、治療外であれ、人々の生活に関して、いかなる理由からでも口外してはならないことを見たり聞いたりした場合、それについては沈黙を守る。このようなことは厳に秘密にしておかねばならないと確信するからである」。医師は立場上いろいろな情報を知り得るだけに、プライバシーの保護が明確に述べられている。

②モーリス・レヴァインの『精神医学と倫理』のなかの〈精神科医のためのヒポクラテスの誓い〉には、次のようにいろいろな場面における秘密保持のことが何度も出てくる。

「スーパービジョンにおいてわたしは患者に対する守秘義務を破らないようにしよう。患者の身元が分かるような事実を変えよう。そうすれば、患者の身元と、患者から誰のことが語られたのであれ、その人間の身元は隠すことができる」。スーパービジョンという限定されたなかでも、プライバシーの保護に気をつけるべきだということである。

「秘密を保持したままではあるが、自分との友情から歯に衣を着せずに判断し、示唆してくれる誰かと自分の仕事について話し合うこともできるであろう」。友人との会話においても秘密保持に気をつけるべきだということである。

「治療中の患者についてスタッフが活発に議論するグループ、病院、クリニックで働いているなら、自分の事例（批判的な議論と示唆を得るための資料）を

2 他の関連領域での倫理綱領と原則

提出しよう。この場合も秘密は保持してである」。事例検討の場でも秘密保持が大事であるということである。

「このようなセミナーにおいても，秘密を守ろう」。セミナーでももちろん秘密保持は必要であるということである。

③ 1981年9月にポルトガルのリスボンで開催された第34回世界医師会総会で採択された〈患者の権利に関するリスボン宣言〉のなかの4では，次のように述べられている。「患者は自分の医師が患者に関するあらゆる医学的および個人的な詳細な事柄の機密的な性質を尊重することを期待する権利を有する」。患者がプライバシー保護を期待する権利をもつという形で，患者の立場から述べていることが特徴的である。

④ 1948年，スイスのジュネーブにおける第2回世界医師会総会で採択され，その後修正を重ねてきた〈ジュネーブ宣言〉のなかでは，「私は患者の信頼にこたえて秘密を尊重し，その死後までもそれを守る」と述べられている。患者の死後までもプライバシーの保護を守ることを述べている点が特徴的である。

⑤日本精神神経学会の〈臨床研究における倫理綱領〉のなかの「Ⅱ．臨床研究の原則」の「5．公開性と秘密の保持」の「秘密保持」という見出しの2）では，次のように述べられている。「臨床研究の結果を公表する際には，被験者は匿名で扱われ，個人の身元に関する情報が漏れることのないように配慮しなければならない」。研究の公表にあたってのプライバシーの保護が明言されている。

また，「Ⅲ．精神障害者における臨床研究の原則」の「3．被験者への配慮」の「秘密保持」という見出しの2）では，次のように述べられている。「精神医学に関する臨床研究においても，Ⅱの5．の1）で述べた公開性が原則であるが，社会に残る精神障害者への差別や偏見を考慮して，被験者は必ず匿名で扱われ，個人並びに家族の身元に関する情報が決して漏れることのないように配慮されなければならない」。精神障害者への差別や偏見の問題は深刻なだけに，秘密保持が大事であることを強調している。

以上みてきたように，さまざまな関連領域において，プライバシーの保護が大事であるという認識が共通していることがわかる。

③ 事例報告と守秘義務の相克

　事例報告にあたってはできるだけ詳細な多くの情報が出されるほどクライエント理解はより進むことになる。しかし，クライエントのプライバシーの保護ということを考えると，守秘義務との関連で自分が知っているすべての情報をそのまま出すというわけにはいかない。つまり「開示すること」と「開示しないこと」とのあいだでの相克が生じる。それで事例報告者は，何をどれくらいどのような表現で伝えるのかをめぐり慎重にならざるをえない。

　そのような時はどうすればいいのであろうか。基本的には，ケース・バイ・ケースであり，なかなか明確にはしにくい。ただ大まかには次のようなことを考慮して臨機応変に動くことになろう。

　まずその際の原則的判断基準は，職業倫理の原点である「クライエントの益になることを為し，害になることを為さない」ということである。「開示すること」（あるいは「開示しないこと」）は，クライエントの利益になるであろうか，不利益になるであろうかを考えて，利益になるほうを選び，不利益になることを避けることになる。もしそこでどうしてもどちらか判断がしにくくて迷う時には，「開示しない」ほうを選ぶ。つまり，疑わしき場合は開かないのである。

　次に「開示」の表現にいろいろ工夫をすることである。表現の工夫次第で，プライバシーの保護は維持しつつ，クライエント理解に役立つかなりの情報が伝えられることも多い。工夫の仕方として，大事なところをアルファベットなどの表記に置き換えることがある。この場合には，たとえば福岡市をF市，九州大学をK大学とするような類推がしやすいものではなく，A市，B大学とするような機械的な表記にすることが必要である。また，大事なことをかなり抽象性を上げて「見出し」のような形で表現することもある。

　ところで，守秘義務ということを面と向かって改めて言われると，少し委縮するかもしれないし，神経質になったり，強迫的になるかもしれない。しかしこのようなルールというものは，本来的には人（心理臨床家）を窮屈にさせるのが目的なのではなく，人（クライエントと心理臨床家）を守るのが目的である。このような本来の目的をはっきり意識すれば，そんなにびくびくする必要もないであろう。

4 トラブルへの対処と危機管理

(1) トラブルの予防のための留意点

いったん，トラブルが表面化し，第三者に訴えられるというような事態が生じると，その対処はとても大変である。だから，そのようなことが生じないように日常的に予防につとめることが肝心である。予防のためには，次のようなことに留意するとよいであろう。

①クライエントとの信頼関係の形成と維持

クライエントから第三者に訴えられるというような事態が生じる時には，心理臨床家とクライエントとの信頼関係がうまくできていないことが多い。信頼関係ができていると，仮に心理臨床家がミスをおかしても，クライエントはそれほど騒ぎ立てることはしないようである。だから，まずは日頃からクライエントとの信頼関係の形成と維持を大事にしておくことが大切である。また，クライエントとの援助関係の解消のしかたも配慮を要する。

ただ，一部の人たちは，信頼関係の形成そのものがとてもむずかしい。そしてそのような人たちが苦情を訴えることもよくある。そのような人たちがクライエントになった場合は，なおさら慎重にする必要がある。

②報告・発表の準備段階でのチェック

報告・発表に際しては，発表する前の準備段階で，文書や原稿を必ずチェックすることが必要である。書いている時は十分にプライバシーの保護に気をつけたつもりであっても，意外と大事なことをそのまま書いていることがある。時々，人名，地名などがそのまま書かれているようなことがある。だから全体を書き終えた後で，「プライバシーの保護は大丈夫だろうか？」と自問しつつ少なくとも一度はチェックすることを実行したい。さらに可能であれば，信頼できる他者にそのようなミスがないかどうかのチェックをお願いするとよい。

(2) トラブルへの対応

事例の扱い方をめぐるトラブルのほとんどは，プライバシー漏洩と無断発表である。万一このようなことでトラブルが発生したら，次のようなことに留意するとよいであろう。

①まずは当事者間での解決の努力

　クライエントからプライバシー漏洩や無断発表について抗議されたら，その話に謙虚に耳を傾け，自分に落ち度がある場合には誠実な態度で率直に謝罪し，クライエント側の要求を聞くことが大事である。そしてできるだけ，当事者間で解決を図るほうがよい。というのは，第三者が介入することになると，心理臨床家側だけではなくクライエント側の（あまり知られたくない）情報も他の人に知られることになるからである。

　一度だけの話し合いで解決することもあるが，話し合いの回数を重ねなければならないこともある。何度も話し合いをするような時には，その経緯を記録しておくほうがよい。頭のなかに入れておくだけでは，記憶が怪しくなることもあるし，万一話し合いがこじれて第三者による介入が行われるようになった時には経過を説明する資料になる。

②自分の心理的サポーターの確保

　トラブルが生じた時には，心理臨床家はクライエントから責められる立場となる。人は責められる立場に置かれると，気が小さくなり，通常より物事を悲観的・否定的にとらえるようになる傾向がある。また，精神的におちこむことにもなる。そして，冷静な判断や対応がしにくくなる。だからトラブルが生じたら，自分の話をじっくり聞いてくれて支えてくれる心理的サポーターを確保することが大事である。自分が信頼できる人に頼むとよいであろう。

　心理臨床家の団体によっては，そのようなトラブルが生じた心理臨床家が相談できるような相談窓口をつくることを検討しているところもある。そのようなものが今後できれば，強力なサポートになるであろう。

③第三者に訴えられてもあわてないこと

　当事者間の努力が不調に終わった時，あるいはいきなり第三者（たとえば心理臨床家が所属する団体の倫理委員会など）に訴えられることがある。そうなると訴えられたというだけで，心理臨床家はかなり動揺してしまいがちである。しかし，ここであわててはならない。第三者は，一方的にクライエントの話だけをもとに一定の処分をするというようなことはしない。ふつうはクライエントの訴えに基づき，心理臨床家にも話を聞く機会がもたれるし，そこで釈明したり自分の気持ちを表明することができる。

④裁判への対応

　トラブルがかなりこじれてくると裁判になることがある。しかし，裁判になるのはよほどの場合である。クライエント本人は「裁判にするぞ」と息巻いても，弁護士はそれなりの事実と見通しがなければ，簡単には裁判にもちこむことはしない。しかし万一裁判になったら，心理臨床家も弁護士を頼むほうがよい。法律的な争いになれば，餅は餅屋である。

　心理臨床家の団体によっては，そのような裁判が発生した時に心理臨床家が相談できるような顧問弁護士をもつことを検討しているところもある。ただ，これにはかなりの費用がかかることになるので，簡単にはいかないかもしれない。しかし，それがもてれば，強力な味方になってくれるであろう。

※わが国における心理臨床と倫理についての文献はあまり多くはないが，村本(1998)の『心理臨床と倫理』が「倫理ハンドブック」として非常に役に立つ。心理臨床に携わる人には，ぜひ一読をお薦めしたい。また，前田(1991)，鑪(1997)，野島(1998)，東山(1999)，野島(2000)なども参考になる。

引用文献
東山紘久　1999　専門的秘密と守秘義務　京都大学大学院教育学研究科紀要，45, 45-56.
前田重治　1991　学術発表と出版の倫理　季刊精神療法，17(1), 22-27.
村本詔司　1998　心理臨床と倫理　朱鷺書房
野島一彦　1998　スーパーヴィジョンにおける倫理　心理臨床，11(4), 248-252.
野島一彦　2000　研究の倫理　下山晴彦（編）　臨床心理学研究の技法　福村出版　Pp. 27-33.
岡田康伸　1999　倫理委員会　日本臨床心理士会報，21, 23-24.
鑪　幹八郎　1997　心理臨床における「倫理感覚」の育成　心理臨床学研究，15(2), 211-215.

第 2 部

事例の報告と研究のしかた

　事例研究は，多くの場合自らの臨床経験を質的に記述するので明示的な手続きを呈示するのが困難である。だから，一人ひとりの臨床家が試行錯誤を重ねながら見よう見真似で事例論文を書いてきたのではなかろうか。第2部では臨床記録の取り方（4章），報告資料の形式と書き方（5章），研究の進め方や着眼点（6章），さらに報告・発表のしかた（7章）について論述していく。記録の取り方，報告論文の書き方など具体的な手順や書式も例として示してある。もちろん，ここで論述された方法以外にも，よいやり方や工夫があると思われるが，私たちなりの「叩き台」を呈示したものである。

4章 心理臨床における記録

　ふだんの心理臨床において，私たちは日々当然のこととして面接の記録をつけている。その内容は，心理療法の訓練としての逐語録（テープ起こしによる面接のほぼ完全な再現から想起法による詳述まで，その範囲には幅があるが）から，数行程度のメモにいたるまで，そのスタイルは実践の形態や経験によってさまざまだが，いずれにしても記録を取らないということはまずない。

　では，私たちはなぜ記録を取るのだろうか？　そしてそれが必要なら，どのように記録を取ったらよいのだろうか？　さらに，その残された記録はいったい誰のものなのだろうか？　本章では，心理臨床における記録について，その意味をまず考え，何を，どのように書いたらよいのかを中心に考察してみることにする。

1　記録を書くということ―なぜ書くのか

　「記録する」という行為は，辞書では，後々に伝える必要から事柄を書き記（しる）すことであり，そこにはできごとや現象について作為をいっさい加えず，客観的に描写する態度が要求される，と書かれている。「記録」には，記録を取り，記録にとどめ，そして残すという一連の行為が含まれている。またその残された文書そのものをさす場合もあり，そこには，後にそれを読むということが仮定されている。

　ここで焦点を絞り，「面接の記録を書く」，あるいは「面接の記録をつける」ということについて考えてみよう。

　記録をつける意味，あるいは目的ということを考えた場合，「記録しておく」という表現からもわかるように，忘れないためのメモとしての役割がまずあげられる。忘れないように書き留めておくこと。私たちの記憶がいかに曖昧で，はかないかについてはいまさら説明するまでもないだろう。記憶については次

1　記録を書くということ―なぜ書くのか

節でもう一度ふれるが，いずれにせよ，面接過程を後にふり返って検討する際，面接で何が語られ，何が起こったかを忘れないために私たちは記録し，その情報を残すのである。逐語録をとる（一般的には訓練として）といった場合は，録音する行為がこれに相当する。

　ところがこれとはまったく反対に，記録には忘れるために書くという機能もある。書くことで忘れ，憶えていようという意識的・無意識的負荷から解放されるのである。1日に何人ものクライエントと会う場合，前の面接の記憶が尾を引いて後の面接に影響を及ぼし，ニュートラルな気持ちで対せないことがある。あるいは，あるクライエントへの逆転移が昂じて，心理臨床家が四六時中その思いに囚われてしまうような場合。このようなとき，記録を書くことがクライエントや面接について考えることにピリオドを打ち，ちょうど引き出しにしまってしまうように心理臨床家をそのような思いから解放し，自由にしてくれるのである。

　さて「面接の記録を書く」ことのもう一つの意味は，相対化，客観化ということであろう。面接で生じた現象を書き留めることで相対化させ，距離を置いた視点から面接を客観的に捉え直すこと。先の逐語録の例でいえば，録音（記録）されたテープを聞きながら文字に移し変えていく作業（テープ起こし）がこれに当たる。ふだん私たちが「面接の記録を書く」といった場合，その目的は内容を忘れないためということもさることながら，より重きを置いているのは，書くという行為を通して，面接で起こったことを客観的に検討するためである。サリヴァン（Sullivan, H. S.）は，患者（クライエント）に対する心理臨床家の態度として「関与しながらの観察」をあげたが，記録はこの意味で観察を補強するものとして重要な役割を果たすと考えられる。

　この客観性をとことん追求した記録の典型は，医者のカルテ，そのなかでも外科系の診察・診療カルテであろう。症状，負傷・あるいは障害のある部位をできるだけ客観的に記述し，診断を確定させる，そして処置・処方を講じる。ここには医者の主観の入る余地はない。しかし，心理療法ではむしろ心理臨床家の主観が重要な道具となってくることが多い。このことが記録の扱いを複雑にさせると同時に，逆に心理療法の中心的なテーマとも重なる重要な問題を提起している。

② 何を記録するか

　1節では記録することの意味として，第一にメモ（備忘録）として，第二は，それとは逆に，忘れて自由になるためのものとしての記録，そして第三としては，客観化のための記録について述べたが，次に，では面接の何を記録するのかについて考えてみたい。

　面接の記録ということで私たちがまず考えるのは，クライエントの言動であろう。対象が大人であれば，語られたことばがその中心となる。しかし，面接でクライエントが語るのは，ことばによってのみとは限らない。ことばのない間（ま）や沈黙（語らないこと，あるいは語れないことで語る），声，表情（表情で訴える），涙，そして姿勢や動作といったように，そのコミュニケーションにはさまざまなチャンネルがある。子どもが対象となるプレイセラピーでは，ことばの比重が小さくなる分，このような非言語的なコミュニケーションの割合はますます増えてくる。その行動をとることでクライエントは何を表現し，何を私たちに語ろうとしているのだろうか（ここでは，ことばを発する一般的行動を「話す」とし，そのなかでも関係性を前提にして特定の対象に向けて何かを伝える行為を「語る」として，両者を使い分けることとする。無論，心理療法において重要となるのは後者である）。クライエントの言動が，面接で生じた現象のうちの目に見える表の部分とするなら，思っていても語っていない思い，あるいはことばにして語ることができない感情，さらにはまだ意識に上っていない無意識的なものなど，さまざまなものが面接では生起し，動いている。

　面接で起こってくるさまざまな現象は，何もクライエントの側だけではない。心理臨床家の側にもじつは同様のことが生じ，両者の思いが交錯し，融合して治療関係というのは進んでいくからだ。

　これらのことをふまえて，記録に何を書くかを具体的にまとめてみよう。

(1) クライエントのこと

　まず第一番目は，クライエントがどのような状況で，何を（What），どのように（How）語ったのかという客観的な事実の記述である（プレイセラピーの場合は，どのような行動をとったのか）。

①クライエントの状況

　外見，たとえばその日の服装，成人の女性であれば化粧のようすなどがまずあげられる。服装に関してはファッションのセンスがどうのこうのというのではなく，状況に即した自然な感じなのかどうかということ。奇異な感じを受ける場合は，まわりの状況を見るゆとりが失われているということが考えられる。病状の回復にともなって，服装や化粧が落ち着いてくるといったことは，臨床上よく観察されることである。これとは逆に，その服装によって何かを主張していると考えられる場合もある。とくに思春期・青年期のクライエントの場合，服はセカンド・スキン（第二の皮膚）ともよばれるように，髪型と並んで他者に映る表の自分を表わし，社会に対して自己をどう表現しようとしているのか，そしてこのことから，ひいてはクライエントと社会（世界）との関係についての重要な情報が得られることも多い。

　クライエントの状況として次に考慮しなければならないのは，前後のコンテクスト（文脈）である。ミクロ的には発言の前後，もっと広く見たときには面接の前後やこれまでのプロセス，さらには抱えている問題との関連ということになる。ここではとくに，それまでの流れとは異質な発言や行動に注意する必要がある。予想と違うということは，こちら側に何らかの見落としがあったということを意味しているからだ。けれども同時に，予想外のできごとや発見は，面接を推し進めていくきっかけや歯車ともなるので，より慎重な検討がいる。

②発言（何をどのように）・行動

　記録の中でおそらく最も重要なものが，クライエントの語った内容と行動であろう。語られたこと，あるいは面接室でクライエントがとった行動を客観的に記述すること。次に，前後の状況や，話しているときの表情や身振り，すなわちどのように語ったかという目に見える非言語的コミュニケーションについてもできる限り記録しておきたい。どのように語ったかについては，声の抑揚，トーン，大きさ，そして語る速さといった聴覚的情報も重要である。

　クライエントの発言・行動についての記録は，後に面接をふり返るとき，何といっても最大にして最良の材料となる。そして，発言を正確に記録できるようになるか否かは，心理臨床家が面接を客観的に把握し，理解できているかどうかの指標ともなる。ちなみに初心者の訓練として，面接の後にその内容をで

きる限り詳しく思い出して記録し，それと逐語録を比較してみるという方法がある。そこで大切な情報が抜けていた場合，それがなぜだったのかを考えるのは，転移・逆転移の問題も含め，面接を考える際の重要な鍵となることが多い。なぜならそこには，記憶された内容が時間の経過とともに薄れていくという記憶心理学上の単純な問題だけではなく，話された内容によって記憶されたり，あるいはされなかったりという，書き手（ここでは心理臨床家）にとっての意味が記憶の記録と保持を左右する，という臨床心理学的な問題も潜んでいるからだ（心理臨床家の理解のコンテクストになじまなかったクライエントの発言や，検閲によって排除された心理臨床家自身の無意識に近い発言は忘却されてしまうことが多い！）。

③伝えたい内容・感情

　さて，クライエントに関する記述で次に考えなければならないことは，そのように語ることによって何を伝えたかったのか，そしてそこに流れている感情はどのようなものなのか，についてである。これは見聞きできる客観的事実ではなく，書き手である心理臨床家の推測となる。しかしながらそれは一応の区別であって，実際の臨床場面では，事実と推測は関係の深まりとともに渾然一体となっていく。たとえば，「クライエントは……と，悲しそうに語った」と書いたとき，「……と語った」のは事実としても，「悲しそうに」についてはどこまでが事実で，どこからが心理臨床家の推測なのかは判然としなくなり，ましてや本当に伝えたかったことや，そこで体験している感情にいたってはますますわからなくなってくる。さらには，クライエント自身がまだ自分で気づいていない感情（未分化な感情）というのもそこには入ってくる。

　実際問題として，これらのことを推測するのは非常にむずかしく，その理解は治療全体の理解ともつながっている。しかしその手がかりがないわけではない。それは，面接を成り立たせているもう一方の当事者である心理臨床家の側にある。すなわち，クライエントを前にしているときの心理臨床家自身の感情反応が，それである。

(2) **心理臨床家自身について**

　クライエントの感情反応を理解する一つの手がかりとして，心理臨床家の感

情反応を前節で取り上げたが，この点についてもう少し詳しく検討してみよう。
①感情（→思い・考え）

　心理療法というのは，言うまでもなくクライエントと心理臨床家の相互関係によって展開していく。したがって，治療プロセスにおけるクライエントの変化とは，両者の相互関係の変化を反映していると考えられる。ここにクライエント，とくにその感情反応を理解するということと，心理臨床家が自分自身の感情をどう理解しているのかということがつながってくる。すなわち，クライエントとの関係において，今，心理臨床家がどのような感情を体験しているのかという理解が，クライエントに流れている感情や，あるいはまだ気づいていない未分化な感情を理解するのに重要になる，ということである。

　これは，広い意味での逆転移であり，面接中に心理臨床家の中で生じてくる感情反応への注目である。仮に不安であれ，イライラや焦り，あるいは喜びや絶望であっても，それがクライエントとの治療状況の反映であることに間違いはなく，逆にこれらの感情を観察的に眺め，パラメーターとしていくことで，クライエントが体験しつつある感情や，抱えている問題に接近していくことが可能となるのである。

　このなかでは，否定的感情への注目がとくに重要になる。心理臨床家にとって，自分の中に否定的感情が起こってくるというのは，一般的には認めたくない事柄に属するものだからである。この事情はクライエントにとっても同様で，それゆえ，日常生活ではもちろんのこと，面接においても正面にすえて取り上げられるテーマとはなかなかなりにくい。しかし，クライエントが抱えている問題と密接に関係しているのがこの否定的な感情である。したがって，これをどう扱うかは，治療の進展を大きく左右する重要な鍵ともなってくる。

　心理臨床家が面接中に何を感じ，どう思ったか。そしてどのように考えたか……。心理臨床家の側の記録においてまず大事なのはこの点である。次に忘れてならないのは，心理臨床家が語った内容である。
②発言

　記録における心理臨床家が語った内容の重要さは，クライエントの発言と等価である。筆者自身はふだん，意識的に心理臨床家としての自身の発言のほうを優先している。仮に，記録にクライエントの発言がなくても，心理臨床家の

発言がしっかり書かれていれば，前後の状況というのは思い出せることが多いからだ。クライエントの発言は憶えているのに，心理臨床家である自分の発言を忘れてしまうことが多い理由は，先に記憶のところで述べたとおりである。

これと関連して，事例検討会などの報告のなかで，クライエントの発言は書かれてあっても，それに対する心理臨床家の応答が省かれているのを見聞きすることがある。面接がクライエントと心理臨床家の相互作用であるということについては，これまで何度も述べてきたが，その意味で，心理臨床家の発言の欠けた記録は一面の報告に過ぎず，面接の本質も含め，その全体を表わしているとは言いがたい。

(3) 面接のまとめ

クライエントに関する情報，心理臨床家に関する情報，そして両者の相互関係についてそれぞれ述べてきたが，記録の内容の最後として，そのセッションごとのまとめについてふれておきたい。

各回ごとの面接のまとめは，それほど長いものは必要としない。その回の全体的な印象を中心に，数行でまとめる。クライエントの感じ，心理臨床家の感想，面接の雰囲気，そして，そのセッションでとくに印象に残ったことがあれば，それを記しておく。他の項目と違って，ここはあまり形式にとらわれず，自由連想的に書くのがコツかもしれない。

記録は一般に，経験に反比例してその量は少なくなっていく。簡にして要，わずか数行の記録を見て，セッション全体の雰囲気や情景がありありと思い出せるようになる，というのが理想である。ふだんの心理臨床で，前回の面接をおさらいするときにまず見直すのもこの部分である。

まとめとしてもう一つ付け加えるとするなら，それは，その時点でわかった新たなクライエント理解についてである。問題の背景とか，発見したことなど，推測や仮説を可能ならメモ風に立ててみる。もちろん，推測はあくまでも推測であり，修正されることを前提としている（極端な場合は，捨て去られることもある）。

③ どのように記録するか

2節では，面接の何を記録するのか，というその内容について検討したが，ここでは，それをどのように記録したらよいのか，という形式（フォーム）について考えてみよう。

記録の書き方としては，時系列に沿って書く，というのが一般的なやり方である。面接が始まるまでの情報としては，もしわかれば来談の時刻（遅刻の場合はとくに），待合室でのようす，面接室に移動するまでに交わされた会話などがある。面接そのものの記録としては，セッションの入り方（たとえば，時候の挨拶から入るか，沈黙から入るか，あるいは，いきなり本題から始まるかなど），そしてどのような終わり方をしたか……（定刻に終わることができたか，深いレベルの話だったときは，現実に戻って終わることができたかなど）。

面接の入り方，終わり方は，クライエントの日常のあり方や，現実吟味能力（reality testing）を反映していると考えられる。また，遅刻やキャンセル，あるいは面接時間の引き延ばしからは，「抵抗」や「転移」とよばれる治療プロセスでの大きな節目が仮定され，治療関係を修正したり，クライエントの問題構造などを再考するうえで重要なポイントになることが多い（このことは，心理臨床家についても同様のことがいえる。なお，面接の中味の記録については，前節を参照）。

では，具体的にはどのように書いたらよいのだろうか。これまで述べてきたことをふまえ，記録の書き方の具体例を示してみた（図4-1）。ただし，これはあくまでも一例なので，面接の行われている場や状況に

#	年 月 日（ ） 時 分～ 時 分 Cl: Th:	
内容	面接に入るまでの状況 面接の始まり方	
	面接で交わされた客観的やりとり	心理臨床家の感情・思い
	クライエントの外見・ようす	↓
	クライエントの発言・行動	クライエントに対する心理臨床家の思い・考え （治療関係・クライエントの感情・問題に関する推測・仮説）
	心理臨床家の発言・行動	
	面接の終わり方	
印象まとめ	（メモ風の箇条書き） セッションの全体の印象やまとめ 前回までの流れとの比較・今回の特徴（もしあれば） 次回，気をつけておくこと …………など	

◐ 図4-1　面接記録用紙（例）

4　いつ記録するか

　インテークの際のメモや，訓練の一環としての逐語録が，クライエントの了承のもとに面接中にとられるのを別にすると，一般に，記録は面接の後から書かれることがほとんどである。精神分析の創始者フロイトも，各セッションの記録は，「夜，仕事を済ませた後で，自分の記憶から取り出して書きつけている」と述べている（Freud, 1912）。

　記録を後から書く理由は，面接中だと記録のほうに心理臨床家の注意が向かってしまい，目の前にいるクライエント，そして二人のやりとりに見落としができてしまうという恐れがあるからだ。このような面接は，フロイトが分析医の基本的態度としてあげた「自由に漂う注意（free floating attention）」（1912）にも反してくる。それよりもまず，目の前で必死に記録している心理臨床家の姿を見たら，クライエントは自分の話を真剣に聴いてくれているという感じをあまり受けず，心理臨床家に不信感さえ抱いてしまうだろう。

　このように，記録は面接の後で書かれることが一般的だが，面接中にあえて記録をとるという方法もある。そのマイナス面にもかかわらず，面接中に記録することで，記憶しておかねば……という意識的・強迫的努力から解放され，その分だけクライエントに注意を傾けることが可能になる（とくに初心者の場合），さらに，関係が融合して距離がとりにくくなる境界例のような治療においては，記録をあいだにおくことでクライエントとのあいだに適切な距離がとれるようになる，などといった効用が考えられる。

　これと関連して伊藤（1990）は，面接後に書かれることの多い記録に対して，面接中に記録を書くことを「書き印す行為」として取り上げ，記録の介在という観点から転移，ことば，面接の共有，そして治療関係の開（ひら）けといった問題を検討し，その意義について考察している。

　記録に関しては，もうひとつ例外的だが，最低限必要なメモ以外の記録はまったくとらないという方法もある。情報量が多すぎて心理臨床家が混乱してしまう場合（筋が読めない，それゆえまとめられない）や，心理臨床家が記録に

強迫的にこだわってしまう場合である。そういったときは，時間の経過とともに，自我（意識）のフィルターを通してゆっくり沈殿した記憶についてだけ後から書く，といったやり方（忘却の効用）のほうが建設的である。

5　記録の保存と所属

　最後に，面接記録の保存と所属について言及し，本章の締めくくりとしたい。
　記録の保存については，結論からいうと，心理臨床家の所属している機関（組織）に保管する，ということになる。ただし，訓練期間にあったりして，記録を読み返し，検討することが必要とされる場合（たとえばスーパーヴィジョンなど），事情が許すなら一時責任をもって預かるとか，そのコピーを手元にもっておくということは可能だろう。
　ただ，ここに一つ厄介な問題がある。それは，本章の冒頭にも記したように，そもそも記録は誰のものなのか，という問題である。
　心理療法はクライエントと心理臨床家の双方が関係し，影響しあって進んでいくものゆえ，そこに書かれているのはクライエントの情報だけではない。すぐれた記録というものには，職業的役割を越えた，それこそ心理臨床家の全人格が描かれているといっても過言ではない。プライバシーの保持ということを考えたとき，クライエントのそれは当然として，心理臨床家のプライバシーも当然そこには配慮されなければならない。
　記録はいったい誰のものか，という問いには，記録は本来両者が共有するもの，というのがその答えとなるだろう。昨今の情報公開という問題が起こってきたとき，この共有という観点とプライバシーという観点の双方から，その対応を考えていかなければならないだろう。その一つの案としては，例としてあげた面接記録の右側をのぞいた部分の公開（クライエントへの呈示），ということを今後検討してもよいのではないだろうか。

引用文献
　Freud, S.　1912　*Recommendation to Physicians Practicing Psychoanalysis.*　小此木啓吾（訳）1983　分析医に対する分析治療上の注意　フロイト著作集 9　技法・症例篇　人文書院
　伊藤良子　1990　書き印す行為　大東祥孝・松本雅彦・他（編）　青年期，美と苦悩　金剛出版

5章 事例報告と資料作成の要領

　筆者は大学院生への心理臨床教育の一環として，事例報告の資料の書き方を日々指導している。その際に感じることは，筆者が書き方を指導する点は，どの学生に対してもほぼ共通しているということである。そのため，事例の内容を読み手にわかりやすく書くための手引きがあり，彼らがその手引きにしたがって書くならば，各自が自力でよりわかりやすく書くことができると考える。このような事例報告の資料を作成する訓練は，自己の臨床経験を客観化し，吟味できるという点で，心理臨床における自己研修のために欠かせないことである。そこで，以下に学会発表や報告論文などでの報告資料作成の要領について述べることとする。

1　事例報告の定義と目的

　事例報告（case report）は，事例研究（case study）とは異なるものである。このことについてはすでに2章で述べられているので，詳しくはそちらを参照されたい。事例報告は，事例検討会，ケース・セミナー，スーパーヴィジョン，コンサルテーションなどの場において，自らの体験した事例を他者に「報告」するものである。そしてその目的は，事例報告者が他者からのコメントを聞き，それを吟味することによって，事例理解を深めることである。

2　事例報告の際に提出する資料の書き方

　事例報告の際に提出する資料において，記載すべきものは，(1)タイトル，(2)報告者の名前と所属，(3)はじめに，(4)事例の概要，(5)面接経過と考察，(6)検討したい点，などである。この他に，心理検査の生のデータ，描画，写真，逐語記録などが補助資料として加えられることもある。

これらを記載した資料の分量は，事例検討をするために与えられた時間によって決まるだろう。たとえば，近年の事例検討会の場合，多くは2時間程度で行われる。その場合の報告資料は，報告の合間や報告後になされる検討時間などを考慮に入れて，50分以内で報告し終える分量にしておくことが望ましい。報告の時間は，多くとも全体の時間の半分を超えないほうがよいだろう。筆者がふだんの事例検討会で用いている資料の書式は，図5-1に示しているような諸学会の発表論文集でよく用いられているものである。書式はA4判で，縦45行×横24字（1,080字）の二段組とし，1ページのみ最初の5行目までは二段組にしないで，タイトルと報告者の名前と所属を記す。この書式であれば，1枚を読むのに要する時間は8分程度である。それゆえ，報告資料を6枚程度にすると，50分以内での報告が可能である。なお，この書式はほんの一例であるので，各自で工夫するとよいだろう。［編者注：内輪のケースセミナーなどでは，ここで示された報告スタイルより，さらに自由度の高い報告形式のほうが生産的になるかもしれない。たとえば，本書の11章3で示唆されたやり方なども大いに参考になるであろう。］

　以下に，資料に記載すべき(1)から(6)のそれぞれの書き方を述べる。

(1) タイトル

　タイトルは事例報告の内容を凝縮したものである。どのような事態や問題を

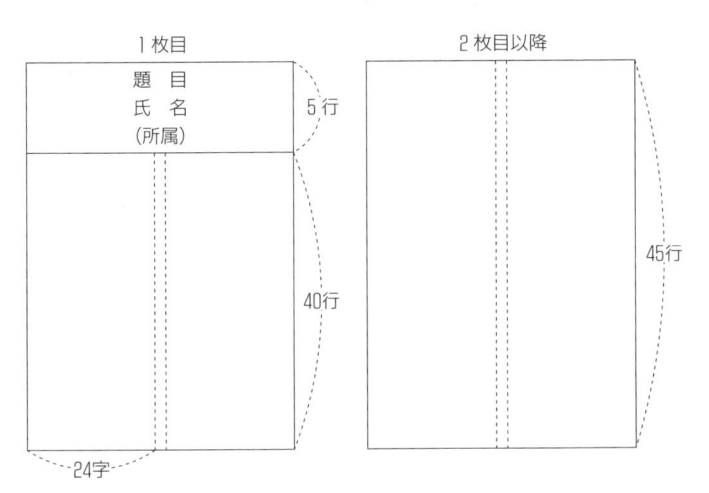

● 図5-1　事例報告の資料の書式

取り上げるのか，どのようなクライエントとのかかわりなのかなど，事例の内容がタイトルを見ただけでイメージできるように，内容に関連するキーワードが2～3個含まれているものにするとよいだろう。

例：「同性の友だちができないことを主訴として来談した女子高校生との心理面接」

(2) 報告者の名前と所属

報告者の名前と所属は，たとえば以下のように記す。

例：「鈴木花子（○○大学大学院臨床心理学専攻M2）」

(3) はじめに

ここでは報告の目的や意図を明確にする。まず事例の特徴について，2～3個のキーワードを含めながら記す。その後，面接期間，面接回数などを呈示し，報告者が主として検討したい点について述べる。

例：ここに報告するのは，同性の友だちができないことを主訴として来談した女子高校生との心理面接過程である。筆者のイニシャル・ケースであったこともあり，逆転移感情をうまく処理できないことで大変苦労した。終結までの1年間36回の面接過程をふりかえり，終結（中断）にいたった要因について，おもにカウンセラーの逆転移感情の取り扱いという点から検討する。

(4) 事例の概要

ここでの記述は，プライバシー保護（守秘義務）を念頭におきながら，表現を工夫すること。プライバシー保護（守秘義務）については，すでに3章で述べられているので，詳しくはそちらを参照されたい。日本精神分析学会の演題申込要領（2000）を参考にしながら，プライバシー保護についての留意点を述べると，以下の通りである。

① 学会や研究会で発表することについて，クライエントに説明して同意を得ることが望ましい。
② クライエントを同定する情報，人名，地名，職業，職場名，学校名，親の職業，居住地などはいっさい用いない。それらは，資料に記述する順に「A子，B県，C高校，D社」のようにアルファベット順にし，イニシャルも実際のものを用いないようにする。職業は呈示する事例の理解に不可欠な場合でも，「会社員，公務員，事務職，運送業，農業」などの一般的な名称を用いる。クライエントやその家族の職業が，事例報告の場に参加する

人たちと近い職業(心理職，教育職，医療職など)である場合はとくに注意し，たとえば教師や医師である場合は「公務員，医療従事者」などとする。年齢も特別な場合をのぞいて，できるだけ実際の年齢を用いず，「20代後半」などとする。
③　カウンセラーがそのクライエントを担当した機関名を特定しない。
④　来談期間は，「X年4月〜X＋1年3月」などとする。
⑤　面接の日付や曜日が同定できないよう，「X年4月第2週目」などとする。
⑥　クライエント理解に重要と思われる情報で，かつ，それを記述するとプライバシー保護が危うくなる危険性をともなう場合は，一部の情報を削除する。しかしその場合，情報の歪曲をしてはならない。たとえば，父親が生きているのにすでに死亡している，離婚しているのにまだ結婚が持続している，などとしてはならない。

以下に，①クライエント，②主訴，③家族，④生育歴および問題歴の具体的な記述のしかたについて記す。なお，心理検査を施行している場合は，その結果を⑤心理検査ならびに諸検査の結果として記述する。

①クライエント

ここでは，クライエントの仮名，初回来談時の年齢(学年)，来談時の服装や態度などのカウンセラーが抱いた印象を記述する。親子並行面接における親との面接を報告する場合，ここでのクライエントは子どもではなく，子どもの親である。

例①：A子。初回来談時16歳(高校1年生)。毎回学校帰りに制服姿のまま来談し，うつむき加減で自信がなさそうに話をする。

例②：A子の母親。年齢は40代前半。毎回会社帰りにA子を学校に迎えに行き，ともに来談。面接場面では理路整然と話をされ，知的に高いという印象。

②主訴

ここでは，初回面接でクライエントが訴えた内容について，クライエント自身のことばを用いながら簡潔に記述する。複数の訴えがある場合は，複数記せばよい。主訴として「不登校」「摂食障害」などと記した報告を目にすることがあるが，ここで記述するのは問題や診断名などではない。なぜなら山本(1998)が述べているように，主訴とは初期面接におけるクライエントの求め(demands)や訴え(complaints)を意味するからである。

例：同性の友だちができない，相手に自分の本当の気持ちを言えない

③家族

ここでは，まず家族構成について記述する。次にその家族の年齢，何人きょ

うだいの何番目か，生い立ち，最終学歴，職業，性格，クライエントとの関係，その他の特記事項などを必要に応じて記述する。親との面接を報告する場合のうち，主として親自身の問題について援助することを目的とする個人面接となっている場合は，親自身の育った家族のことを記述する。一方，主として子どもの問題について援助することを目的とする親面接の場合は，親子を含めた家族のことを記述する。

例：父親，母親，A子，妹の4人家族。父親（40代後半；以下の家族の年齢はすべて，初回来談時のものである）：3人きょうだい（男，女，男）の長男。近畿地方の山間部で育ち，首都圏の有名国立大学卒業後，一流企業へ就職。その5年後の結婚を機に，家業を継ぐために現在の自営業へ転職。自己主張をしないおとなしい性格で，昔からA子を叱ったりすることは少なかった。A子が中学3年の頃に，営業不振を気にするあまり抑うつ状態となり，病院で「抑うつ神経症」と診断されて，約1年間抗うつ剤を服用していた。母親（40代前半）：…………

④生育歴および問題歴

　ここでは，読者がクライエントをイメージするために必要と思われる情報を，1回あるいは1回から数回の心理アセスメントの情報に基づいて，時間軸に沿って過去形で記述する。時間軸に沿って記述する場合，クライエントの年齢とできごとを併記していく。とくに問題歴を記述する場合，初回来談時の年をX年として，それ以前の年の記述をX－2年などとする。そして，年月とクライエントの年齢を併記したほうがわかりやすいと思われるできごとについては，必要に応じてX－1年4月（15歳）のように併記するとよい。

　ここでの記述の順番は，まずはクライエントが何人きょうだいの何番目として出生したか，出生時の両親の年齢，両親の妊娠への態度，望まれた子であるか，出生時の状態などを必要に応じて記述する。次に，乳幼児期から来談時までの期間における，既往歴，習癖，登校状況，成績，クラブ活動の状況，一番古い記憶，趣味，遊び方，よく空想したこと，初潮の時期，幼少期から現在までの両親や周囲の人たちとの特記すべき対人関係上のエピソード，住居環境・地域環境，経済状況などを必要に応じて記述する。そして最後に，今回の来談にいたった経緯について記述し，前面接者からの引継ぎの場合には，前面接者との面接過程の要約を記述する。

2 事例報告の際に提出する資料の書き方 ●●●

　親との面接を報告する場合のうち，主として親自身の問題について援助することを目的とする個人面接となっている場合は，親自身の「生育歴および問題歴」を記述する。一方，主として子どもの問題について援助することを目的とする親面接の場合は，その子どもの養育と関連した親の「生育歴および問題歴」を記述する。

　この「生育歴および問題歴」の部分については，報告時点までの経過で得られた情報から，できるだけ詳しく記述するというものではない。ここでの記述は，心理アセスメントの時期の情報に基づいて記述し，その情報のなかで，クライエントをイメージするうえで必要と考えた情報のみを選択して記述すればよい。そして，心理アセスメント後に得られた情報は，面接経過を記述する部分でそのつど記述する。なぜなら，成田（2001）が述べているように，「どういうときに，どういう順序で，どういう文脈でその情報が語られたかということに意味がある」からである。

例：A子は，父親が20代後半，母親が20代前半の時に第一子として出生。保育園に行くまでのA子は，両親ともに仕事が忙しかったため，近所に住んでいた父方祖父母とほとんどの時間を過ごしていた。父親とのかかわりはほとんどなく，平日にA子と母親とが時間をともにするのは母親が帰宅してから数時間のみで，夕食後から翌日の夕方に母親が迎えに来るまでは，父方祖父母に預けられていた。3歳の時に保育園に通園するようになり，その頃に妹が出生。母親は出産を機に退職し，父方祖父母に預けることの多かったA子のことも，自宅で面倒をみるようになった。しかし，妹の世話に手をとられることの多かった母親は，「A子にできるだけわがままをいわせないようにしていた」という。この頃から小学校入学時まで，A子の夜尿が続いた。…（中略）…X－1年4月（15歳）の始業式後，クラスの女子から教科書を隠されるなどのいじめにあうようになった。そして，5月の連休明けから週に1度ぐらい学校を休むようになり，夏休み明けの9月から完全不登校となった。その後，担任が家庭訪問を週に数回続けたが，A子は登校しなかった。そのため，休み始めて1か月後の10月初旬に，教育相談担当教諭の紹介で当心理教育相談室へ来談した。

⑤心理検査ならびに諸検査の結果

　ここでは，心理検査や身体的検査などの諸検査を行った場合，その結果を要約して記述する。その際，どういう目的で，いつ，だれが検査を行ったのかなどの情報も，必要に応じて記述する。

例：パーソナリティ特徴や病理水準の見立てを行うことを目的とし，インテーク面接の翌週に，カウンセラーとは別の者がロールシャッハテストと文章完成法（SCT）を実施した。前者からは，ささいな情緒刺激を受けるだけで容易に激しい内的混乱を引き起こし，それを速やかに鎮めることがむずかしいこと，後者からは，両親への強い嫌悪感や自己評価の低さがうかがわれた。

⑤ **面接経過と考察**

　ここではまず，面接経過の記述に入る前に，クライエントを担当するカウンセラーの立場や役割（臨床心理士か医師か教師か，常勤か非常勤かなど）を記述する。次に面接の場所，頻度，時間，料金，形態（子ども単独，親単独，親子並行，親子継時，親子同席，A-T split など），他機関との連携の状況などの面接構造を記述する。そして，クライエント発言は「　」，カウンセラー発言は〈　〉，クライエントのしぐさや表情などの非言語的な情報，カウンセラーに生起した感情，カウンセラーの推論は（　）とするなど，報告者の記述のルールについて記述する。

　面接経過では，初回から報告時点（あるいは終結）までの経過を，カウンセラーならびにクライエントの発言や行為によるお互いの具体的なやりとりを中心に記述する。事例報告のなかには，クライエントの発言や行為のみを記述している報告が散見される。しかし，面接のなかで生起していることは，カウンセラーの反応がクライエントの反応を引き起こし，そのクライエントの反応はカウンセラーの次の反応を引き起こすという相互影響的な関係のなかでのものである。それゆえ，カウンセラーはどのような気持ちになったのか，具体的にどういうことばで応答したのかということについても記述することが重要である。なお，経過の記述の要領として，下山（2000）は次のように的確に述べているので参考にするとよいだろう。「事例担当者は，その記録全体を何回も何回も読み通し，その中から出来事として重要と思われるものを取捨選択し，時間配列にしたがってまとめ直して，そこに流れるストーリーの可能性を捜し出し，そのストーリーを少しでも明確にできるように関連記録をレポートとして提示することが必要となります」(P. 182)

　また，面接経過では，下山（2000）のいう「循環的な仮説生成―検証過程」

がわかるように記述する必要がある。カウンセラーが各面接で行っている「仮説の生成―検証―修正」のプロセス，つまり，どのような仮説をもち，どのようにかかわったか，そしてその結果からどのように仮説を修正したかをわかるように記述するわけである。その際，実際に起こった事実とカウンセラーの推論とを意識的に区別して記述し，読者に両者の区別がつくようにしておくこと。たとえば，上で述べたように，カウンセラーの推論は（　）として記述するとよい。

　他機関の有名なカウンセラーや地元の有力者から，クライエントの紹介を受けることがある。そういう場合は，「○○先生の紹介だから，しっかりやらないと」というような感情がわき起こるものである。また，先輩のカウンセラーからの引継ぎの際に，「カウンセラーに敵対心を抱きやすい人でたいへんかもしれないけど，よろしく」などといわれて，「どんなことをいわれるのだろうか」と不安になることもある。このような場合は，クライエントに出会う前からあらかじめカウンセラーの方にクライエント・イメージが形成されており，両者の関係はすでに始まっていると考えられる。そこで，そうした感情は，初回面接を記述する前に記述しておくとよい。

①記述の形式

　面接経過の記述の形式は，面接全体の流れを問題にする場合と，カウンセラーとクライエントの具体的なやりとりを問題にする場合，そしてこの両者を問題とする場合でそれぞれ異なる。これらは報告者の報告の意図に応じて工夫するとよいだろう。

例：（面接全体の流れを問題にする場合：知的障害の子どもをもつ両親との面接から）
　第1期：A男の知的障害を受容するまでの時期《#1～#9：X年4月～X年7月》
　面接初期の#1から#5では，A男の状態を理解して今後の方針を立てるために，両親に生育歴と問題歴について詳しく話してもらった。そしてカウンセラーは，A男には①ことばの遅れ，②排泄の自律ができないこと，③自己の気持ちを表現できないこと，という3つの問題があると理解し，#6で今後の対応について両親とともに検討した。そのなかでカウンセラーは，とくに①の問題については，まず医療機関で器質的な問題の有無を診断してもらう必要があること，相談室では言語訓練のような援助はできないこと，②と③の問題を援助しているうちに改善していくかもしれないが，器質的な問題があれば他の子と同じレベルまで改善することはむずかしいかもしれないことを伝えた。…(中略)…#8ではカウンセラーが紹介した医療機関へ行って検査の予約をしてきたことと，別の医療機関と

も連絡を取り，診察の予約をしたことが報告された。2つの医療機関での検査結果を聞いた後の#9では，来談した父親がA男には脳波異常があり，知的能力の遅れは今後も尾を引くと診断されたことを落胆した表情で報告した。…

例：（カウンセラーとクライエントの具体的なやりとりを問題にする場合：抑うつ神経症と診断されたクライエントとの面接から）

#9：「最近，気持ちがすごく乱れているし，勉強もやる気がでないんですよね～。何かいい方法がないですかね～。いろいろ試しているんですけど，どうもいっしょなんですよね～」〈いろいろ試してもうまくいかないんですね〉「気の持ち方として，こうしたらいいんじゃないかというようなアドバイスはあります？」（カウンセラーは少しイライラする）〈うまくいくようなアドバイスがほしいんですね。時間はかかるかもしれないが，自分なりの方法を見つけるのが一番いいと思う〉「自分が経験して考えていかないといけないですよね～」〈ただ経験するだけではなく，その時自分はどうできたらよかったのかを考えてから，次につなげるようにしていくのがいいと思う〉…

②時期の分け方

　面接経過の時期の分け方については，質的な転換点で区切るが，一般的には，カウンセラーとクライエントとの関係性の変化，子どもの遊び方の変化などを基準にするとよいだろう。面接初期に，クライエントとの関係づくりをしながら心理アセスメントを行い，それに基づいて問題の理解とその後の面接方針を立てる場合は，第1期を「心理アセスメントの時期」などとするとよい。その場合，その期の考察では，1～数回の心理アセスメントの情報に基づいた，クライエントの問題に関する「心理アセスメント後の臨床心理学的理解および面接方針」を記述する。その心理アセスメントの情報は，下山（2000）が述べているように，面接，観察，検査によって収集された情報と他者の記録（医療機関での精神医学的診断や看護日誌など）を組み合わせて記述することが望ましい。また，心理アセスメントの時期でもクライエントとカウンセラーとの面接関係の記述は忘れないようにしたい。なぜなら，ルボルスキー（Luborsky, 1984）が述べているように，①過去の重要人物（両親など）との関係，②現在の面接場面外での重要人物との関係，③面接場面でのカウンセラーとの関係という3つの対人関係のなかで重複するテーマこそ，クライエントが対人関係で葛藤を引き起こす中心的なテーマであるからである。それゆえ，「事例の概要」の「生育歴および問題歴」では①の特記すべきエピソードを記述し，心理アセ

② 事例報告の際に提出する資料の書き方 ●●●

スメントの時期を含めた「面接経過と考察」では②と③の特記すべきエピソードを記述すると，そのなかの重複するテーマが明確になり，読者がクライエントの対人関係上の中核的な問題を理解しやすくなる（詳しくは Luborsky, 1984 を参照されたい）。

③考察の内容

面接経過は何期かの時期に分けて記述するわけであるが，各時期の考察は，その時期の経過の記述のすぐ後に記述する。たとえば，第1期の「心理アセスメントの時期」の考察である「心理アセスメント後の臨床心理学的理解および面接方針」については，第1期の経過の記述のすぐ後に記述する。第2期以降も同様である。第2期以降の考察の内容は，第1期の考察をふまえて，報告者が検討したいことを取り上げればよいだろう。おもな検討点の一つとして，クライエントとカウンセラーとの関係性があげられる。たとえば，クライエントならびにカウンセラーが遅刻したりキャンセルしたりしたことの意味，面接が中断した意味，クライエントがアドバイスを執拗に求めてきた意味などがある。これらを面接関係から検討するのである。また，前の期の理解や面接方針がどのように変化したのかについても記述するとよいだろう。

考察を記述する際に注意することは，その考察のもととなる情報がそれまでの面接経過のなかで記述されているかどうかをチェックすることである。つまり，どのような情報からそのように考察したのかが読者にわかるように記述できているかどうかをチェックするのである。同様に，面接方針を記述する場合においても，それが考察をふまえた方針となっているかどうかをチェックしながら記述すること。

例：（同性の友だちができないA子との面接から）

第1期の考察（心理アセスメント後の臨床心理学的理解および面接方針）：A子は出生から保育園入園時まで両親が仕事で忙しく，一日のほとんどの時間を父方祖父母と過ごしていた。妹が出生し，母親は退職したが，母親の育児は妹に手をとられることが多かった。そのため，A子は依存欲求を表出すれば満たしてくれる一貫した存在があるという基本的な信頼感を母親とのあいだで形成できなかった。また，祖父母も依存欲求を代理的に満たすことはできなかった。…（中略）…このように幼児期から現在にいたるまで，相手に対して自己表現をするよりも，嫌われないように相手の気持ちに沿った行動をとるというパターンが依然として続いているものと考えられる。A子の今回の不登校は，まずは母

親との基本的信頼感を確かなものとし、こうしたパターンの解決に取り組むための行動であると考えることができる。また最近では、母親から干渉的にかかわられると反抗的態度をとるなどの行動もみられ、このことは依存欲求と同時に自立欲求も存在し、精神内界で両者が葛藤した状況にあるものと思われる。

こうした理解に基づいて、おもに①依存や自立などのありのままの気持ちが表現できるよう受容的共感的にかかわる、②必要に応じて家族面接を行い、家族が彼女の依存と自立という両方の欲求を理解し、支持的に接することができるよう支援する、という2つの面接方針を立てた。

例：（抑うつ神経症と診断されたクライエントとの面接から）

　第2期の考察：第1期に続いて第2期の#11でも、Aさんはカウンセラーにアドバイスを求めてきた。このことからAさんには、自分ではどうにもしようがない強い無力感を感じた時には他者に強い依存を示し、アドバイスをもらって何とか解決をしてもらおうとするパターンがあることをカウンセラーは理解した。しかし、表面的には理解していても、一方でこうしたAさんの強い依存的な態度に対してカウンセラーはイライラするようになり、#13ではそのイライラがピークに達した。#13の翌週の面接がキャンセルになった後、カウンセラーはそれまでの面接関係をふり返っているうちに、Aさんの強い依存心へのイライラは、カウンセラー自身の依存性の問題と重なっているために起こっているものであることを自覚した。つまり、カウンセラー自身が困難に直面した時には、べったりと依存して他者に困難を解決してもらおうとするのではなく、依存する前に自力でやれるだけのことはやるべきだと自己を戒めていること、そのことを無意識のうちにAさんにも要求していたために、共感不全が起こってしまっていたのである。……」

(6) **検討したい点**

　ここでは、自分の検討したい点（たとえば、今後の面接方針など）について記す。その際に、その点についての自分なりの考えを呈示しておくことが望ましい。

例：＊病理水準は神経症レベルと考えているが、どうだろうか？
　　＊A子は現時点では家族以外の者とは絶対に会わないという状態なので、大学生のカウンセラー的家庭教師を紹介するなどは必要ないと考えているが、どうだろうか？

3　その他の注意すべき事項

・心理臨床家が事例報告をする際には、医療行為でないことを明確にするため、「治療」「診断」「症例」「患者」などの医学用語は用いないこと。ただし、

③ その他の注意すべき事項

「主治医の診断は、○○○○○である」などのように、医療機関でつけられた診断などについて記述する場合は例外である。

・専門用語を羅列するのは避け、自分が実感できることばで書くこと。とくに初学者の集まりで発表する際は、それを心がけること。

・事例に関連した文献を必ず読んでから発表に臨むこと。たとえば、不登校の高校生をもつ母親との面接を発表する場合であれば、「不登校」「思春期・青年期」「母親面接」に関連した文献を読んでおくこと。そして、その文献を資料作成の際に用いた場合には、資料の最後に「引用文献」あるいは「参考文献」として記すこと。

・事例検討会の際には、プライバシー保護（守秘義務）の観点から、報告資料を参加者に配布する時点で、会の終了後に回収することを告げておく。事前に参加者がわかっている場合は、あらかじめ資料に番号をふっておき、だれがどの番号の資料をもっているのかをチェックしておくことが望ましい。事前に参加者がわかっていない場合は、当日に参加者がどの番号の資料を取ったかについて、チェックできる紙を用意しておくなどの工夫が必要である。参加者の多い会では、数名がこっそり持ち帰ることがしばしば起こる。その場合、後で連絡をとり、必ず送付してもらう必要がある。

引用文献

Luborsky,L. 1984 *Principles of Psychoanalytic Psychotherapy : A Manual for Supportive-Expressive Treatment.* New York : Basic Books. 竹友安彦（監訳）1990 精神分析的精神療法の原則―支持-表出法マニュアル 岩崎学術出版社
成田善弘 2001 精神療法家の仕事2「書く」ことについて 臨床心理学、第1巻2号、240-246.
日本精神分析学会 2000 演題申込要領
下山晴彦 2000 心理臨床の基礎1 心理臨床の発想と実践 岩波書店
山本 力 1998 今、「事例」の報告と研究を再考する 広島大学教育学部心理教育相談室紀要 心理教育相談研究、15, 1-8.

6章 事例研究の着想と手順

　事例研究は，心理臨床の実践と研究を結びつけるうえで有効な方法であり，私たちの臨床実践をまとめ，他の臨床家と理解を共有するうえで不可欠なものである。また，私たちの臨床実践を支えるバックボーンとなるものであり，臨床実践に活力を与えてくれるものである。しかし，これまで事例研究の具体的な手順についてはあまり言語化されてこなかった。事例研究は，現時点では手順について具体的に語るまでには成熟していないということができるかもしれない。そのため，事例研究の手順について述べ，私たち心理臨床家が事例研究について共通の方法論をもつよう努力することは，意味のあることと思われる。また，事例研究の手順について考えることから，逆に，私たちの仕事の特徴を明らかにすることができると思われる。

　ここでは，事例研究を記述する際の具体的な手順について時間を追って順に述べる。事例研究には，研究に取りかかる以前の準備の段階，心理臨床経験のなかで視点が定まる段階，事例を呈示する段階，考察を述べる段階などがある。

1　事例研究の準備段階

　事例研究を行うに先立って，まず自分自身の問題意識を明らかにし，臨床的立脚点を明らかにすることが求められる。自分自身の問題意識，職業上の問題意識，現代社会の問題意識とが，重なり合う円のような関係にあることが望ましい。

(1) 自分について知る

　まず，自分自身について知り，自分の関心がある領域，理論・視点，技法を確認することが必要である。とくに，初めての研究の場合，自分がどのような問題に関心があるかを明らかにすることが前提となる。そのためには，自分自

身をふり返ること，自分の未解決な課題や関心のある課題を言語化することが役に立つ。しかし，自分の関心がそのまま研究の課題とはならない場合も多い。人によっては，自分の未解決な問題に関連する事例を取り上げていると思われる場合もあるが，自分自身の問題を対象化する努力が必要である。

　次に，自分が心理臨床のどのような領域にいて，どのような知識を得ていて，どのような理論や視点をもち，どのような技法に関心があるかを確認し自覚することが意味をもつ。研究を行うことは，臨床家として，知識の消費者から生産者へと移行することにたとえられるだろう。つまり，私たちは，ある時期までは，心理臨床のさまざまな知識を取り入れることを通して，臨床家としての自分を育てるが，しだいに自分自身の経験を他の臨床家に知識として伝えることが求められるようになる。このような移行に際して，自分がこれまで何をどのように取り入れてきたかを確認し，自分がどのような知識やことばをもっているかを確認することが意味をもつ。鑪（1998 a）は，「私たちは臨床経験の前に，それらの（訓練のプロセスで得られる）言葉を獲得し，それを頼りにして手探りで臨床の場に参加していく」と述べ，まず，ことばを獲得することの大切さを指摘している。私たちは，自分がどのようなことばを身につけているかについて自覚することが必要である。

　また，研究への動機づけを確認することが必要である。研究には時間とエネルギーが必要であり，多くの場合，臨床家としての仕事の時間だけでなく，個人的な時間を研究のために使うことが求められる。それだけの時間とエネルギーを費やす価値があるかどうかを自問してみることが必要である。また，私たちを研究へと動機づけているものには，知的好奇心だけではなく，承認欲求や名誉への欲求などさまざまなものがある。自分がどのような動機で研究に取り組もうとしているかを自覚しておくことが必要である。

(2) 仕事の現場について知る

　次に，仕事のうえで自分がどのような問題に関心があるかを明らかにすることが必要である。そのためには，初心者はまず，複数の事例と取り組み，それらをやり遂げ，自分が属する臨床現場の特徴をつかむことが必要である。臨床現場に身を置くと，広い意味での世の中における自分の仕事の位置づけ，自分

が属する組織からの要求，来談者からの要求，仕事の独自性と特色など，臨床体験を取り巻く状況がわかるようになる。私たちの臨床現場は真空状態の中に置かれているのではなく，現実社会の中に置かれている。そのため，面接室の構造だけでなく，現実社会の構造にも目を配る必要がある。

臨床現場は現実社会の中に位置しているため，学問としての臨床心理学を身につけた若い臨床家が臨床の現場に身を置くと，不満に感じたり驚いたりすることがある。そのような問題を解決しようとして，自ら問いを発し，答えを探すところに，社会と結びついた，最も切実な研究課題が生まれる素地がある。このような切実な課題を，面接室の中の素材を通して語ることに意味がある。

(3) 現代社会との接点を知る

次に，自分が生きる社会との接点を明らかにすることが必要である。現在，わが国では，HIV，スクールカウンセリング，虐待，犯罪被害，カルト，発達障害などさまざまな問題があるが，これらの問題には，現代社会の抱える文化的，社会的背景が関連していると思われる場合も少なくない。一つの事例の中に，現代社会が抱えるさまざまな問題が含まれている場合もある。現代社会が抱える問題への答えを出すことを目的とした事例研究が必要であり，社会と結びついた問題意識をもつことが大切である。

以上見てきたように，事例研究を始めるに当たって，私たちがもつ問題意識は，自分自身の問題意識，職業上の問題意識，現代社会での問題意識との接点にある。これらは，この順に深層から表層に位置づけられるだろう。これらが重なって一致すると，研究への動機づけが高まると思われる。臨床家としての成長にともなって，自分自身の個人的な問題意識から職業上の問題意識へ，さらに現代社会での問題意識へとしだいに移行すると思われる。

② 事例研究の視点

(1) 視点を言語化する必要性

事例研究においては，事例の報告は大切な要素ではあるが，それだけでは研

究とはならない。心理臨床家が，臨床経験のなかでもった自分独自のアイデアや視点をことばで表現することが必要である。自分独自のアイデアや視点を明確に示し，事例という素材を通して検証し，明確に他人に伝えることが事例研究の目的である。

独自の視点をもつことの重要性については，これまでにも多くの指摘がある。藤縄（1976）は，事例研究を絵画にたとえ，「レンブラント光線」が必要であると述べている。つまり，「レンブラントの絵に見られる光源によって，照らし出された人物，物体が，その対象の本質を自然光のもとにあるよりありありと描き出す」ように，独自の視点をもたないと，事例の本質が浮かび上がらないとしている。鑪と名島（1991）は，事例研究を歴史研究になぞらえ，「歴史をうむためには，ひとつの観点にたった資料の配列を必要とする」，「資料の的確な選択をさせるのが『観点』である。したがって，観点は歴史を意味あらしめ，私たちの事例を意味あらしめるために決定的な働きをする」と述べ，事例研究において観点をもつことの重要性を述べている。また，下山（1997）は，事例研究における仮説の生成―検証過程に注目することが大切であることを指摘し，「単に事例の経過が記述されているだけで，仮説の生成―検証過程の意味が分析されていなければ，それは単なる事例報告であって，事例研究とはいえない」と述べている。

このように，事例研究の視点とは，事例のなかの事実を束ねるもの，事例を意味づけるものである。事例研究をビーズの首飾りにたとえてみよう。一つひとつの事実というビーズを集めただけでは，ばらばらなままであり，まとまった首飾りという形をとることはできない。目的に合わせて形をデザインし，ビーズを分け，穴にひもを通すと一つの首飾りという作品となる。事例研究においては，一つひとつの事実の断片を集めても，事例研究とはならない。事例を貫く視点が大切であり，それはデザインに基づいて首飾りのビーズをつなぐ糸のようなものである。ビーズの一つひとつにたとえられる事実と，糸にたとえられる視点とが結びついて，はじめて事例研究とよばれるのである。

⑵ *視点を明らかにする手順*

視点を明らかにする手順として，次のようなことが考えられる。

6章　事例研究の着想と手順

①まず、自分が学んだことや今まで経験したことと、新しい経験とのあいだの「違和感」や「ズレ」に敏感になり、そしてそれをことばにすることが大切である。その際に、自分が感じた違和感やズレをことばにして書き留めることが意味をもつ。違和感やズレをテコにして自分の関心を言語化し、それが他人に伝わるかどうか確認するのである。言い方を換えれば、違和感やズレの中に新しい発想の源があるということができる。

②違和感を的確に示すと思われる事例の面接記録を読み返すことが意味をもつ。この場合、面接記録が私たちの仕事のテキストとなる。

③キーワードを探してみる。なるべく短いことば、キーワードなどで自分の発想を表現してみること、自分のためのメモとして、論文の題目を書く感じで記述してみることが意味をもつ。

④自分独自の視点を文章で表現してみる。独自の視点と思われるものも、実際には先達の視点をふまえている場合が多く、他人の視点と自分の視点とが入り組んでいる場合も多いため、文章にすることによって明確にすることが大切である。

⑤文献と照らし合わせる。先行研究を探すことを通して、自分の問題意識を明確にする。キーワードの検索などを行うと、多くの先行研究がある場合があるが、自分の問題意識をある程度明確にした後に先行研究と対話すること、自分の視点に沿って文献を選ぶことが大切である。先行研究の問題点がどこにあり、それをどのように改善したり、積み重ねた研究であるかをことばにする。文献を通して、研究の意義をしっかりと伝えることが大切である。

⑥テーマを一つに絞る。とくに初心者は、論文の中にいろいろなアイデアを盛り込みたい気持ちをもつが、一つの論文では一つのテーマについて書くことが大切である。いくつかのテーマがある場合には別の論文とする。幕の内弁当のような、さまざまなテーマが並立している論文は、読者には伝わりにくいものとなる。中心的なテーマを決め、余分な枝葉の部分を思い切って捨てることが大切である。ちょうど樹木を剪定するように論文の枝葉の部分を捨てると、幹としての中心的テーマが明確になる。

⑦これらの作業を日常的に行うためには、臨床経験をことばにしていく手順を、日常的な仕事のなかに組み込んでおくことが望ましい。そのためには、事

例のプレゼンテーションを行う場が日常的に設定されているとよい。臨床経験をことばにすることを，一人で継続的に行うことはむずかしい。臨床実践のなかで，自分の発想を言語化する習慣をもつこと，具体的には，記録の片隅や最後にでも印象をメモすること，定期的なスーパービジョンのために資料を用意し，語ったこと，教わったことをメモとして残すこと，定期的に事例検討会に提出して検討の機会を得ることなどが大切である。

③ 事例の呈示のしかた

次に，面接のなかで感じた視点や仮説を，客観的な材料を通して伝えることが必要である。視点や仮説を事例と照らし合わせ，事実で裏づけること，仮説の根拠となる事実を書き込むことが求められる。

(1) 事例の選択

自分の視点に沿った，視点を最も表現していると思われる典型的な事例を報告する。典型的な事例は，1事例の場合もあれば，複数の場合もある。どちらの場合も，なぜこの事例を選択したかという，事例を取り上げる動機や視点や理論的背景を明確に述べることが必要である。

①1事例の場合

事例研究は，1事例を対象とすることが多い。1事例がどこまで普遍性をもつかという点が問題となるが，この点について河合（1977）は，「一個人の全体性を損うことなく，その個人の世界を探求した結果は，臨床家が他の個人に接するときの共通したパターン，あるいは型を与えるものとしての普遍性をもつのである」「個々のことを丹念に細かく個別化することによって，一般性に至る」と述べている。また，藤縄（1976）も「個としての報告例は単なる一特殊例ではなくなり，『範例中の典型』として記述されることになる」と述べている。

典型的な事例とは，2章で「事態の本質を明示的に描写し，その事例を通して本質に迫りうる」事例であると述べているように (p.25)，著者の視点を最も表現している事例であり，背後にすそ野をもつ事例，類似の事例の頂点に立つような事例，象徴的事例のことをいう。河合は，事例研究が「内的普遍性をも

つためには，無限の事実の中から選択して記述する判断力を必要とする」(1976)と述べ，「クライエントと自分の人格の対決の中から生じてきたものから，いかに深い意味での普遍性をもつものを描き出すかという点において努力すべきである」と述べている。また，1事例を扱う事例研究の意義について，「ひとつのヤツをぐっと掘り下げてひとつだけやっているようだけれども，それが知らん間にすべての物事を上でカバーする。それが典型ですね」(1977)と述べている。
②複数事例の場合

下山 (1997) は，「臨床心理学研究は，2つのレベルに分けてみていく必要がある。第1のレベルは，個別事例内で行われる臨床的仮説生成─検証過程である。…（中略）…複数の類型事例に対して共通の照合枠となるモデルを見出していく過程…（中略）…が，臨床心理学研究の第2のレベルである」と述べている。複数事例の研究は，複数の典型事例を示す場合と，同様の特徴を示す多くの事例を類型化する場合がある。

多くの事例を類型化する研究として，筆者（鶴田，1998）は卒業を前にした学生が「もう一つの卒業論文を書く」作業をすることを示すため，卒業期に来談したすべての事例を集め，類型化した。そしてその類型化を2度行った。最初の類型化では，類型化の軸をもたずに，面接のなかで行われた作業の特徴を名づける形で，「自己探求型」「自己確認型」「情報探索型」「内面整理型」「内面整理回避型」「現実生活混乱型」「精神障害混乱型」に分けた。しかしこのような類型化では，卒業期に来談する学生の全体像をとらえることがむずかしかったため，2度目の類型化を行った。そこでは，「精神的健康度（高─低）」と「面接で行われた作業（内面的─現実的）」の2つを軸として設け，「自己探求型」「確認型」「内面整理型」「混乱対処型」に分けた。そしてその中で典型的な事例を示した。事例研究においても，類型化を行う場合には，類型化のための基準軸の根拠が，理論的，経験的に説明されなければならない。

⑵　事例の記述と編集

事例研究の具体的方法は，記述と編集をくり返すことである。
①記述のレベルと対象

まず，事例の報告をまとめる際には，記録を読み直し，その中から自分の視

点に沿った事実を拾い上げる。その際に，何を拾い上げ，どのような事例報告を書くかという選択の背後にある自分の視点を意識化することが必要である。視点が意識化されていないと，膨大な面接記録から，事実を拾い上げて書くことはできない。私たちは二重の選択を行っている。一つは面接後に記録として何を書くかという段階においての選択であり，次に，記録から何を拾い上げるかという段階における選択である。自分がどのような視点に沿ってこのような選択を行っているかを意識することが大切である。

記述には，事実のレベルから，理論・意味づけのレベルまでさまざまなレベルがある。鑪と名島（1991）は，事例研究の特徴として，「臨床的な資料は表6-1に示した1から4までの，すべての資料を総合的・統合的に使用しなければならないところに特徴がある」「いくつかの次元の異なった領域間を通過して交叉し，交流することによって，クライエントの全体としての人格像，行動像，人間像を見いだし，うみ出していくのである」と述べている。何を伝えたいかによって，このようなさまざまなレベルの記述をどのようにつなぎあわせて編集するかが規定される。

● 表6-1 臨床的資料の次元的な配置

次元	資料の文脈と確度
1. 客観的資料	心理検査資料，行動観察資料（服装，表情その他）
2. 陳述の資料	生育史，経歴，家族歴，友人関係など （ナレイティヴで確認可能）
3. 対人的経験 （経験の認知とパターン）	対人的かかわりの資料，友人関係，家族関係など （ナレイティヴの内容から推論）
4. 仮説的な資料推論	衝動と欲動，願望のレベル （ナレイティヴの内容から推論）

さらに，面接関係は相互関係であるため，それをどのように記述するかという問題がある。たとえていうと，「3台のカメラで記述する」ということができるだろう。一つはクライエントの言動の記述であり，一つはカウンセラーの言動の記述であり，もう一つは両者の相互関係の記述である。そして，これらの記述が一方にあり，もう一方にカウンセラーの印象，感想の記述がある。

②記録からの編集

　自分の臨床経験のどの部分を選び出し，どのように切り取って，どのようにつなげたら，自分の視点が他人に伝わるか，他人と共有できるかということを考えて編集が行われる。単に面接記録を切り張りしただけでは，面接記録のコラージュのようなものとなってしまって，読者には伝わらない。

　自分の視点に沿って事例を見直し，事例の記述に軽重をつけること，視点に沿った事実の部分をクローズアップし，余分な記述は大胆に切り捨てることが大切である。これは，自分の視点を事実で裏づける作業である。

　藤縄（1976）は，「図柄と背景をはっきりと示さぬことには，具体的な患者像をえることができない」と述べている。映画の編集がおびただしいフィルムのつなぎ合わせによって行われるように，事例報告も，まず何を撮るか，どういう条件，フィルムで撮るか，どの部分を取り出しどう記述するか，それをどうつなぎあわせるか，何を描きだそうとしているか，何を伝えたいかなどを考えて行われる。鑪と名島（1991）は，「オリジナルのフィルム（ラッシュ）は，脚本に従うとはいえ映画となったフィルムの数倍ないし数十倍のものが撮影されている。それを1つの『観点』に従って，数分の一ないし，数十分の一に短縮していくのである。その過程の中から，私たちが見る一般公開の映画としての物語が生み出されるのである」と述べている。面接記録の編集も同様に行われる。

　このように記述と編集をくり返すことによって，自分の視点がさらに明確になってくる。

　また，記述のあり方は，面接のあり方を反映していると思われる。記述のあり方から，面接の中身が推測できると思われる場合が多い。記述のわかりやすさ，わかりにくさは面接そのもののわかりやすさ，わかりにくさと相似形であると思われる。

④　考察と論文の仕上げ

(1) 問題への結論を記述する

　ここでは，最初に述べた視点を軸として，事例から得られた結論を具体的に

述べることが求められる。目的と考察とは対応していることが必要である。

　また，事例から得られた自分なりの考えを明確に述べることが求められる。下山（1997）は，「臨床心理学研究のデータ分析の方法論は，記述文章からコンテクスト（文脈）を読み取り，そこで生じている事柄をストーリィ（物語）として理解し，その意味を読み解く（解釈）作業となる」と述べている。そして，「臨床的仮説生成―検証過程は，事例の状況の物語にかんする読みを深めていく過程」であり，「それぞれの研究者が依拠する心理臨床モデルは，（略）仮説の生成の際の準拠枠となる」「個々のモデルは，説明理論と技法によって構成されている」と述べている。

　ここで，再び事例報告をくり返す必要はない。また，仮説に対して肯定的な意見（意味づけ）だけでなく，否定的な意見や予期しなかった問題を記述することが大切であり，否定的な見解も記述することが大切である。

　考察を述べる際には，文献を引用する場合が多いが，まず，事例に基づいて自分なりの考えや見解を明快に述べ，それらを補強するために他の文献を引用することが肝要である。文献に振り回されてはならない。

(2) モデル・仮説を記述する

　次に，巨視的な視点から，新しいモデルを呈示する。他の文献が示しているモデルに事例を当てはめるだけでは，事例研究とはならない。モデルを例証するのではなく，事例に基づいてモデルを生み出すのである。下山は，「非論理性を内包する実践と，論理的一貫性を重視する理論では互いに矛盾する性質を有しているため，臨床心理学研究者がその矛盾に耐えられず，既存の理論モデルを当てはめた解釈でよしとし，臨床的仮説生成―検証過程を取り上げるのを避けていた側面もあった」と述べている。

　また考察のなかで，事例研究という方法上工夫したことが，どのような新たな結果や考察を生み出したかを述べることも必要である。さらには，自分の事例研究の限界と問題点についても公平に述べることが必要である。成瀬は，「どのくらい（略）ゆがんだ色眼鏡を掛けているかということ，それが（略）どのくらい述べられているか，気がついているかによって，その研究の価値がかなり決まってくる」（河合ら，1977）と述べている。

最後に，研究の課題について述べ，次の研究へとつながる方向性を示すことが必要である。

(3) 論文の仕上げ

最後に，研究を要約したアブストラクトをまとめることが求められる。日本語の場合もあるが，多くの場合，英語でまとめることが求められる。これは，論文全体を同じ割合で要約したものではなく，自分独自の視点を前面に出し，それを支える事実と結果とを具体的に記述することが肝要である。また最後に，キーワードを記述する。

論文の題目は，最初に仮の題目をつけておいて，論文の完成後に最終的な題目を確定する場合が多い。論文の題目は，本でいえば背表紙のようなものである。問題意識なり目的を表したものであること，内容を簡潔に示したものであること，人にアピールするものであることなどが求められる。

その他，事例研究に必要なこととして，原則としてクライエントの同意を得ること，秘密保持のための工夫をすることなどがあげられる。これらは，他の章で詳しく論じられている。

5 おわりに

(1) 心理臨床実践の中の事例研究的要素

心理臨床実践も事例研究も，ともに仮説と検証をくり返す過程である。心理臨床実践は，私たち心理臨床家が，クライエントとのかかわりを通して，リアルタイムで仮説を立てて検証することをくり返して，しだいにクライエントへの理解を深めていく過程である。

事例研究も，仮説をたて，それを検証することのくり返しである。事例研究が科学としての信頼性，妥当性をもつかという問題について河合(1976)は，「ひとつの事例の記述のなかに，何回もの仮説と検証の過程がくみこまれていると考えられる」と述べている。下山(1997)は，「実践のための研究では，(略)実践の試行錯誤を通して対象となる事象やその援助方法に関する仮説を生成し，それを実践活動において試しながら仮説の修正をくり返し，少しでも有効な援

助方法を開発することが重要となる」と述べ，循環的な「仮説生成—検証過程」が実践型研究の特徴であるとしている。

しかし，事例研究は心理臨床実践とは違って，後追い的にクライエントとのかかわりを中心に，特定の事例について仮説と検証をくり返す過程である。鑪（1998b）は，事例研究の特徴として，「回顧的・後戻り的」であることを指摘している。

このように，私たちが日常的に行っている心理臨床実践のなかに，事例研究的要素があるということができる。理想的には，心理臨床実践そのものが事例研究となっていること，心理臨床実践の進展とともに事例研究が進んでいくことが望ましい。しかし一般には，心理臨床実践のなかでは，研究についての思いつき的発想は多く得られても，その一つひとつをことばに置き換えて定着させるまでにはいたっていない場合が多いと思われる。そのため，心理臨床実践の終了後に，研究として掘り下げ，ことばとして記述して定着させる作業を通して，あいまいであったものをより明らかにする作業が必要となる。

(2) 事例研究の意義

最後に，心理臨床家にとって事例研究を行う意義について述べる。

第一に，報告者の臨床実践をことばとして定着させることによって，事例への理解を深めることができる。臨床実践を記述し，それを推敲することによって，実践を客観化することができ，事例から浮かび上がってくる論理や物語を明らかにすることができる。意識レベルのことばによって，無意識レベルも含めた臨床実践をすくい取り，臨床家にとっての臨床実践を意味づけることができる。

第二に，臨床実践を伝えることによって，自分の経験を他人と共有することができる。自分の経験が同じ仕事をしている他人との共通経験となり，公共性をもつことが意味をもつ。また，そのことによって，自己評価だけでなく，人からの理解や評価を得ることができる。

第三に，事例研究を論文として表現することによって，臨床実践を完結することができる。事例研究は，心理臨床家としての仕事の果実を表現する作品であり，芸術家にとっての精魂を傾けた作品のようなものである。たとえいえ

ば，陶芸家が自分の作品を粘土のままにしておくのではなくて，窯に入れて火を入れるようなものである。また，事例研究を論文としてまとめて投稿することは，他人の評価を受けることでもある。事例研究という形を与えることによって，臨床経験が心理臨床家の心の中に納まり，臨床家が臨床実践と心理的に別れることができる。事例研究としてまとめると，事例とのかかわりが完結する。

　第四に，理解し，表現し，伝えることによって，臨床実践を支える自分の職業的アイデンティティを確認することができる。臨床家である自分の経験を言語化することによって，自分の仕事の意味や意義を確かめることができる。

5 おわりに

引用文献

藤縄 昭 1976 「事例研究」随感 臨床心理事例研究, 3, 6-8.
星野 命 1970 事例研究の意義と諸問題 片口安史・星野 命・岡部祥平(編) ロールシャッハ法による事例研究 誠信書房
河合隼雄 1976 事例研究の意義と問題点―臨床心理学の立場から 臨床心理事例研究, 3, 9-12.
河合隼雄・佐治守夫・成瀬悟策 1977 編者鼎談 臨床心理学におけるケース研究 河合隼雄・佐治守夫・成瀬悟策(編) 臨床心理ケース研究Ⅰ 誠信書房 Pp. 231-254.
下山晴彦 1997 臨床心理学研究の理論と実際―スチューデント・アパシー研究を例として 東京大学出版会
鑪 幹八郎 1998a 臨床的リアリティをどう伝えるか―形式の面および「経験とことば」 精神分析研究, 42(2), 2-5.
鑪 幹八郎 1998b 事例研究と事例報告 岡山県臨床心理士会 講演記録(未公刊)
鑪 幹八郎・名島潤慈 1991 事例研究法論 河合隼雄・福島 章・村瀬孝雄(編) 臨床心理学大系 第1巻 臨床心理学の科学的基礎 金子書房 Pp. 271-288.
鶴田和美 1998 卒業期に来談する大学生の臨床心理学的特徴についての研究―来談時期から見た学生相談事例の検討 学位論文

7章 事例のプレゼンテーション

　ここでは，事例のプレゼンテーションについて述べる。事例のプレゼンテーションは，ケース・カンファレンス，スーパービジョン，事例検討会・学会などさまざまな場所で行われるものであり，それぞれ特徴がある。これまで私たちは，臨床家にとっては心理臨床の実践そのものが大切であると考えて，プレゼンテーションにはあまり重きを置いてこなかったきらいがあるが，自分の経験を他の臨床家に伝えること，そのために事例について考えたり見直したりすることは，心理臨床活動から得られた経験を共有し，独善に陥らないために大切なことであり，臨床家としての成長にとって大きな意味をもつものである。

1　プレゼンテーションの準備段階

(1) プレゼンテーションの意味

　プレゼンテーションをする際には，他人に伝えるための努力が求められ，その過程で事例についての理解を深めることができる。事例について，文字で記述しことばで語ることによって，臨床家一人の理解から客観的で相互的な理解へといたることができる。また，多くの人に報告することによって，自分一人では気づかなかった問題点に気づいたり，異なった見方を学ぶことができる。

　私たちは面接のなかでは，細部からしだいに全体像をとらえることが多いが，プレゼンテーションでは，まず全体の大筋を伝え，それから細部を伝えることが求められることが多い。そのため，事例の骨組みとなる大筋をしっかりとしたことばでとらえることが肝要である。その際，全体をとらえることばを探す作業が，これまでの理解をさらに深める場合がある。このようにプレゼンテーションでは，面接そのものとは別の能力が求められることがある。

　また，プレゼンテーションのための準備をする過程では，事例のあいまいな部分をことばにして明らかにする作業が必要となり，事例の断片のつながらな

いところをつなげたり，隠された意味をことばにする努力をすることによって，事例への理解を深めることができる。また，人前でプレゼンテーションをすることによって，これまで自分一人の視点から見てきた事柄を客観的にみつめ直すことができ，新しい理解が加わることがある。プレゼンテーションの前後に思いがけないことばや視点が得られることがある。とくにプレゼンテーションの直前にはさまざまなことを思いつくことがある。下山（1997）は，事例検討会やスーパービジョンは，「仮説生成－検証過程のなかの仮説修正段階の作業」であると述べているが，このような作業は，事例についての見立てや仮説を検討し直す作業ともつながるものである。

⑵　プレゼンテーションに求められるもの

　プレゼンテーションでは，第一にわかりやすさが求められる。できるだけ簡潔な文章を用いること，わかりやすい新鮮なことばを使うこと，論理が明快であることが求められる。そして，面接場面での言動をできるだけ具体的に，目に見えるような形で伝えることが求められる。また，プレゼンテーションでは，語ること，聞くことを通してコミュニケーションが行われる部分が大きいため，準備の段階では，事前に声を出して読んでみるなど，聞きやすい形にする工夫が必要である。

　第二に，報告の焦点を絞ることが求められる。たとえば1回の面接を報告するとしても，面接そのものは複雑で多義的である場合が多い。あらゆる情報を伝えることは不可能であり，そのような努力は全体像をとらえにくくしてしまう。そのためまず，報告全体を貫く一つの視点を明確にすることが求められる。事例という複雑な全体から，何を「図」として読み取り，何を「地」とするかという選択が求められる。

　第三に，客観性が求められる。心理臨床という仕事は，主観的世界と客観的世界が重なり合う世界を相手とする仕事であるが，プレゼンテーションにおいては，主観的世界を客観的に記述するための工夫が求められる。また，臨床の現場に根ざした報告が求められ，特定の学派だけで用いられる用語で記述するのではなく，現象をありのままに記述することが求められる。

(3) プレゼンテーションの方法と課題

①日常的な工夫

　プレゼンテーションの準備のための日常的な工夫としては，まず，臨床家としての自分の経験を日常的に言語化する習慣をもつことが求められる。たとえていうと，臨床家は面接室に2つの現像皿をもつことが必要である。「心理臨床家は自分の面接室に現像皿をもっている」というたとえ話があるが，これは面接という私たちの仕事を，クライエントが面接室の外で写してきたフィルムを，面接室で臨床家とクライエントが一緒になって現像 (develop) することにたとえたものである。筆者はこれを，「心理臨床家は自分の面接室に二つの現像皿をもっている」と言い換えている。一つはクライエントの体験を現像するための皿であり，もう一つは臨床家としての自分の体験を現像するための皿である。臨床家として仕事を続けていくためには，この2つを豊かにする必要があると思われる。最初の皿だけでは，しだいに現像液がひからびてしまうと思われる。自分の仕事を洗い直して余分なものを切り捨て，ことばとして定着させる作業が，1枚目の皿にエネルギーを補給して活性化させ，2つの現像皿を新鮮な状態に保つのである。臨床実践とそのプレゼンテーションとのあいだに相互性，相補性をもつことが大切である。

　具体的には，事例の記録を読み直すこと，記録の余白あるいはノートに，クライエント像，面接関係，その他自分が感じたことを何でも書き込むことが，後のプレゼンテーションの際の重要な素材となる。このような形で，臨床の現場で感じたことをことばにして書き込むことが必要であり，そうでない場合には，生き生きとしたプレゼンテーションを行うことはむずかしい。

②組織的な方法

　以上のような個人的努力に加えて，教育・研究機関では，定期的にケース・カンファレンスや事例研究会が開催され，組織的にプレゼンテーションと事例検討の機会が設けられている場合が多い。たとえば，臨床心理学専攻の大学院の付属実習施設では，プレゼンテーションと事例検討が組織的に行われている。学生は，心理臨床についての理論学習の後，事例に取り組み始める。そこでは，定期的にケースカンファレンスが開かれており，プレゼンテーションが義務づけられている。また，一定の期間，スーパービジョンをうけることも義務づけ

られている場合が多い。そしてこのような経験を事例研究会で報告したり，紀要に報告したりする機会もある。このように，事例のプレゼンテーションと事例検討は，大学院の教育課程の中にしだいにしっかりと位置づけられるようになってきている。また，他人のプレゼンテーションを聞き，検討することも大切である。このような場面は，相互スーパービジョンの場であり，クライエントにとってもカウンセラーにとっても建設的な方向で意見を述べることが大切である。事例検討の目的と方法については，下山（2000）に詳しく述べられている。

② ケース・カンファレンスの場合

　ケース・カンファレンスとは，相談機関のなかで，おもに新規の受理事例について，スタッフが現時点での見立てと処遇について共通理解をもつために開く定期的な報告会をいう。ケース・カンファレンスにおけるプレゼンテーションの特徴は以下のとおりである。

　第一に，簡潔さが求められる。一般にケース・カンファレンスでは，インテークからあまり時間をおかないで，面接の早い段階でのプレゼンテーションを求められることが多い。そのため，とりあえずの見立てや方針を立てるために必要な最小限の事実の報告を中心とすることが大切である。事実を中心に，一番新鮮な情報，具体的な情報を提供し共有することが目的となる。取り上げる事実の選択に注意を払い，細かい枝葉的部分を取り除いた幹となる部分を簡潔に報告すること，自分にわかっていることとわかっていないこととを分け，わかっていることをしっかりと伝えることが大切であり，臨床家の第一印象を，具体的な事実で裏づけることが大切であり，自分独自の理解を中心に報告し，よぶんな情報を大胆に捨てることが必要である。

　また，報告に許される時間が限られている場合が多いため，定められた時間で報告することが大切である。口頭で報告する場合には，必ずメモを用意すること，その際にあまり多くない項目数とし，プレゼンテーションの順序にも気をつけることが大切である。資料を用意する場合には，箇条書き程度の簡単なものとすることが大切である。

7章 事例のプレゼンテーション

しかし，簡潔さに重きを置きすぎると，報告が事実中心となってしまい，画一的となりやすく，感じたことを自分のことばで伝えにくいきらいがある。そして，どちらかといえば，クライエントの否定的側面にだけ焦点をあててしまう危険性もある。

第二に，情報を共有することが求められる。事例について，面接開始直後の時点で，事例担当者の個人的体験を組織に属するスタッフ間の共有体験とすること，組織として情報を共有することが目的となる。もちろんここでは，スタッフが守秘義務をもつことが前提となっている。事例を通して経験したことをまとめること，伝えることによって，個人的体験がスタッフ共通のものとなり，共有することによって客観的なものとなる。このような過程で，担当者の不安が軽減したり，転移や逆転移などに気づくことがある。

また，事例の報告を通して，新しいスタッフへの教育が行われる。報告を聞くこと，議論を聞くこと，質問をすることによって，実際的な教育を行うことができる。

第三に，組織として事例の管理を行い，責任を明確にすることが求められる。事例をどのように見立て，だれが担当し，どのような経過となったかについて組織として把握される。このことは，クライエントからの電話連絡などへの対応，緊急事態への組織としての危機介入などにも役立つ。また，事例に対して組織内外の連携体制を組んだり，他機関へと紹介する際にも役立つ。

プレゼンテーションに先立って，担当者は，処遇・管理上の問題について，問題点を整理し，原案をもっておくことが必要である。

最後に，気をつけたいことについて述べる。一つは，ケース・カンファレンスという場は，先にも述べたように，参加者が受理事例について初めて情報を得る場であることが多い。そのため，事例全体を見渡すことができるような報告をすることが求められる。あまりに細かい事実の羅列としないことが必要である。また，プレゼンテーションとそれに続く事例検討は短時間で行われることが多いため，形式が形骸化しやすく，これまで先輩が行ってきた方法を鵜呑みにしてしまう場合がある。的確，簡潔，具体的に，担当者に役立つ形で行うことが必要である。

③　スーパービジョンの場合

　スーパービジョンとは，臨床家が，より経験のある臨床家に，自分が担当する事例の進め方について定期的に相談することであり，クライエントに対する責任をともなう指導関係でもある。初心者のためのスーパービジョンから，ベテラン臨床家のためのスーパービジョンまで，さまざまな形のものがあり，目的によってプレゼンテーションの方法は異なる。

　スーパービジョンにおけるプレゼンテーションの特徴は以下のとおりである。

　第一に，スーパーバイジーがスーパーバイザーに対して，自分の面接について報告するために行われる。そのため，クライエントの言動と，臨床家である自分自身の言動と，両者の相互関係について報告することが必要であり，さらには，臨床家である自分の印象，考えについて報告することが必要となる。たとえ話でいえば，1台のカメラで報告するのではなく，複数のカメラでクライエントの姿だけでなく，臨床家の姿，両者の関係を映し出すことが必要である。

　第二に，最初は逐語的報告という形で，面接場面の忠実な報告を中心とすることが必要であるが，経験が増すにつれて，しだいに臨床家として感じたり理解したことを報告する比重が増す場合が多い。事実に加えて臨床家としての印象や理解を報告することが意味をもってくるのである。プレゼンテーションの方法は多様であり，録音テープを用いた逐語的記録を用意する場合もあれば，簡単な記録を用意するだけの場合もあれば，場合によっては資料を用いないこともある。スーパーバイザーの考え，学派の特徴，スーパーバイジーの求めていることなどに照らして，最も適切な方法を決定することが必要である。また，遊戯療法や家族療法などの場合，ビデオの資料を用いることもある。どのような場合でも，言語的なやりとりの報告だけでなく，非言語的なやりとりの報告が意味をもつ。

　第三に，スーパービジョンは，比較的個人的な報告の場であり，必ずしも理路整然と報告する必要はなく，あいまいなことや否定的なことを表現しやすい。比較的自分を飾らないで事例について報告できる場であり，自分の面接について語ることで，事例への理解を深めることができる。とくに，転移や逆転移の理解には大きな意味をもつ。たとえば，前もって用意した資料には書かなくて

も，スーパービジョンの場では語ったことを点検することによって，臨床家としての自分の特徴を理解することができることがある。

また，スーパービジョンは継続的かつ定期的に行われるため，これまでの経緯をふまえる形で報告することができる。スーパービジョンでは，1事例について継続的に検討する場合が多いが，必要に応じて複数事例について検討する場合もある。また，1回だけの面接について報告する場合（通常コンサルテーションとよばれる），数回の面接について報告する場合，長期間の面接過程について報告する場合などがある。

④ 事例検討会・学会の場合

事例検討会とは，ほぼ同一の限られたなじみのある参加者によって，定期的に事例検討が行われる会をいう。参加者が限られた人々ではあるが，入れ替わりもあるため，スーパービジョン的要素と研究会的要素が両方みられる。相互スーパービジョンを目的とした指導者のいない会と，指導者を中心とした会とがある。

事例検討会では，事例についての事実だけでなく，カウンセラーがとらえた意味を記述することが必要である。単に事実を羅列するだけでなく，ストーリーとして「物語る」ことが必要である。そのため，プレゼンテーションを行う前の段階で，どのような事実を取り上げ，どのようにつなげ，どのように意味づけるかを考える編集作業が必要となる。面接記録のどの部分を取り出し，どう記述するか，そしてそれをどうつなぎ合わせ，どう意味づけるかについて，報告者に任される部分が大きく，報告者によって，プレゼンテーションの内容は大きく変わる可能性がある。また，プレゼンテーションを準備したり，実際に行うことによって，事例について今までわかっていなかったことが今まで以上に見えてくることがある。

また，事例検討会では，参加者の反応を「聞く」ことが意味をもつ。参加者一人ひとりが自分の関心と関連する質問や意見を述べることによって，事例についての理解を深めることができ，今までにない視点を得られる場合もある。

次に，学会でのプレゼンテーションについて述べる。学会でのプレゼンテー

ションは，不特定多数の専門家を対象とした，1回限りの口頭発表である場合が多い。このような会で行うプレゼンテーションの特徴は以下のとおりである。

　第一に，単なる事例の経過の報告だけでなく，事例を通して臨床家独自の視点やアイデアを出すこと，自分のメッセージを伝えることが求められる。事例報告を行う場合でも，目的を明確にし，焦点を絞った報告をすることが求められる。近年では，研修を目的とした報告と，研究の報告が分けられている学会もある。また，面接が終結した後に行われることが多いため，聞き手が面接過程についての全体像を思い描きやすい形でプレゼンテーションを行うことが必要である。

　第二に，不特定多数の聴衆に対してプレゼンテーションを行うため，周到な準備を行うこと，自分の力を出し切ることが求められる。研究会や学会での発表は，自発的に申し込んで行われるものであり，時間をかけて準備したわかりやすいプレゼンテーションを行うことが必要である。また，学会でのプレゼンテーションを，自分の臨床家としての能力が評価される場ととらえてしまう場合もあり，初心者にとっては，緊張した防衛的なプレゼンテーションとなりやすい。そのため，必要以上に多くの情報や見解を詰め込んだり，難解な専門用語を使ったりして，窮屈で防衛的なものとなるきらいがある。このような場合には，前もって初心者どうしでプレゼンテーションの練習を行ったり，話し合ったりすることが意味をもつと思われる。

　最後に，学会でのプレゼンテーションに際しては，クライエントのプライバシーの保護に配慮する必要がある。原則としてクライエント本人の了解を得ること，クライエントを特定できるような事実を書かないことが求められる。

引用文献
　下山晴彦　1997　臨床心理学研究の理論と実際―スチューデント・アパシー研究を例として　東京大学出版会
　下山晴彦　2000　心理臨床の発想と実践　岩波書店
　鑪　幹八郎（監修）　1998　精神分析的心理療法の手引き　誠信書房

第3部

事例研究の応用と発展

　大学や研究機関の「相談室紀要」に掲載されている詳細な単一事例報告のやり方を越えて，方法論上の新たな展開がいま模索されている。ここでは事例研究の発展と応用に関する内容が論述されている。まず，家族等の事例研究（8章），歴史上の人物の事例研究（9章）を紹介した。熟達した心理臨床家が自分の個性に応じた心理療法を生み出していくように，事例研究の方法も個々の臨床家の創意と工夫が試みられている。そのような意味で，最後の10章と11章は事例研究の新しい試みや，創意と工夫を自由に語ってもらった。

8章 家族・グループを対象とした事例研究

　心理臨床の出発点は「個人」の「心」あるいは「内的世界」の理解と，そこで生じた問題や症状への心理的手法を用いた援助にあることはいうまでもない。しかし，私たち人間は真空の中では生きていない。外的環境，とりわけ家族，友人，知人といった個人を取り巻く人間的環境が，個々人の心のありように深い影響を及ぼすことを見逃すことはできない。本章で取り上げる家族療法とグループ・ワークは，いずれもこの関係性に注目する臨床的接近法であるが，両者には理論的にも，また技法的にも大きな隔たりが存在する。両アプローチの事例研究においても，共通性とともに，その差異にも注目する必要がある。

1　家族・グループを対象とした事例研究の特徴

(1) 家族療法

　家族療法では，家族を単なる個人の寄せ集めとは考えず，それ自体が固有な関係の「システム」を形作っていると理解する。家族システム論は，家族療法の理論的骨格をなしている。この理論では，家族を家族構成員の相互関係が生み出す一つのシステムとみなす。家族療法は，「そのシステムを心理的援助の単位として，1人以上の家族構成員に個人的にまたは合同で面接する心理療法的・関係療法的アプローチ」だと定義されている。

　家族療法の実践上のむずかしさの一つに，初期段階で家族のだれの訴えや症状，あるいは問題を「主訴」として取り上げればよいのかが，かならずしも特定できないことがあげられる。個人臨床の初期段階でも同じような困難はあるものの，相手は一人である。面接の進行とともに，主訴を明確化していけばよい。ところが，複数の人間を相手にする家族臨床では，IP(Identified Patient：問題を抱えたとされる人物）と他の家族成員のあいだで訴えが異なったり，両親間でさえ「問題」の捉え方が大きく異なることもある。そのような葛藤を含

1 家族・グループを対象とした事例研究の特徴

んだ状況に巻き込まれた心理臨床家は，身動きがとれなくなることも少なくない。心理臨床家が家族と取り組むべき「課題」が拡散していて，焦点化できないからである。

したがって，心理臨床家は治療開始時点での主訴の確認と終結の前提としての主訴の解消の確認を，家族との綿密な共同作業として進めていく必要がある。個人臨床で支配的な，心理臨床家が専門家として素人としてのクライエントよりも一段高い位置にいることを前提とした一方的なアセスメントではなく，家族臨床では当該の家族も参加するアセスメントの手法を確立することが求められている。

家族イメージ法は，亀口らによって開発された家族アセスメント法である（秋丸・亀口，1988；亀口，2000）。その理論的基盤としては亀口（1997）の「境界膜理論」（家族員相互の関係を心理的な膜と見立てる理論）が存在する。家族が自分の家族にどんな視覚的イメージを抱いているかについて，円形シールを個々の家族に見立てて用紙上の枠内に配置させる動作法を用いたアセスメント法である（図8-1参照）。個別実施も可能であるが，むしろ家族同席で実施し，相互に結果を確認させるところに最大の特徴がある。この点で，家族イメージ法は，家族療法の事例研究を行う際の有力な手段となりうる。とりわけ，初期段階では，家族面接を通じて何を達成しようとするかについてのアカウンタビリティを達成するうえでも，簡便かつ有効な手法として有望視されている（亀口，1999）。

家族療法の事例をまとめる際の要点を以下に示しておく。

① ジェノグラム（世代関係図）を用いて，できるだけ家族にとって重要な出来事，あるいは成員の年齢などの情報を簡潔に図示しておくことが望ましい。
② 主訴の変化について，少なくとも終結段階での状況は明示しておく。
③ 両親の関係，母子，父子間など主要な家族関係の変化について特徴的なものは記述する。
④ 心理臨床家が行った主要な治療的介入については，その根拠を示したうえで，家族の反応を詳しく記述する。
⑤ 可能な限り，終結後のフォローアップで得られた情報を呈示する。

第3部　事例研究の応用と発展

8章　家族・グループを対象とした事例研究

記入用紙

氏名＿＿＿＿＿＿＿＿＿＿
（イニシャルでも可）
作成年月日　　年　　月　　日
家族構成

（例：父親、子等）
続柄＿＿＿＿　学年＿＿＿＿
年齢＿＿＿＿　性別　男・女

感想

家族イメージ法

東京大学大学院　教育学研究科　亀口憲治研究室作成

さあ、今から5色のシールを使って、自分の家族を描いてみましょう。

1. まずシールの色の違いは、力（発言力、影響力など）の差をあらわします。家族のメンバーそれぞれに一色ずつ選んでください。

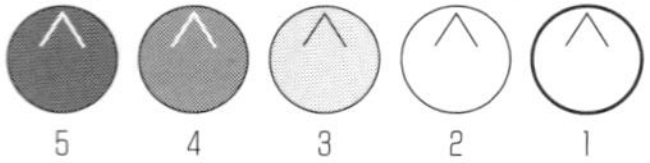

   黒　　　　　　　　　　　　　　　　　　　白
   （強い）←→（弱い）
   5　　4　　3　　2　　1

2. シールを1人一色ずつ選んだら、右の枠内にシールをはり付けます。その時、シールについている印は、家族の人がよく向いている方向に向けてください。枠内であれば、誰をどの位置にはってもかまいません。

3. シールをはり終えたら、それぞれのシールが家族の誰か（父、母、自分、兄、姉など）を記入してください。

4. 名前を書き終えたら、家族内の2人（父→母、父→自分など）が、どのような関係であると思うか、下の線を使って置き加えてください。

   （例）
   ―――――強い結びつきがある
   ―――――結びつきがある
   ・・・・・よくわからない

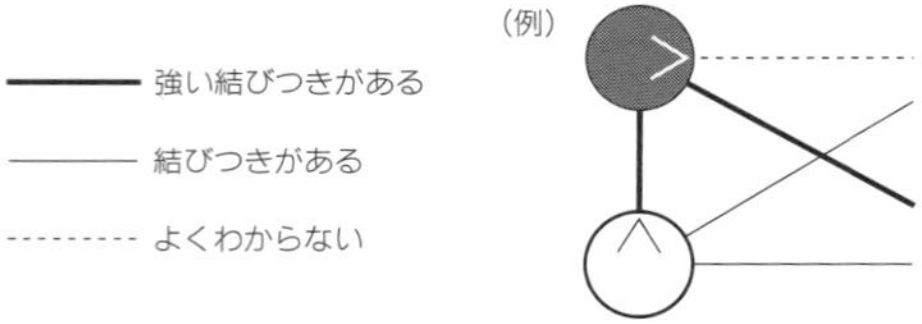

5. さて、あなたの家族はどんな形になりましたか。ひとこと感想を書いてみましょう。

● 図8-1　家族イメージ法の実施要領と記入用紙

(2) グループ・ワーク

　グループ・ワークは，複数の人間を対象とする点では家族療法と共通してはいるが，その目的や理論的前提は相当に異なっている。したがって，治療過程の捉え方にも差異が認められる。集団療法の過程ないし，治療集団の変化発達の経過は，一般に次の3段階に分けられている（対馬，1973）。

① 集団成員がそれぞれ自分自身のことばかりを問題にして，グループとしてはまとまりがなく，集団凝集性が乏しく，皆がためらいがちな時期。この第1段階では集団の変化発達，すなわち集団過程は表面的に流れ，治療者に対しても，かなり強い警戒心をもつが，一方，相互援助や友愛関係のきざしが生じてくる時期でもある。

② 第2段階では，成員が，自分自身や他の成員のより内密な問題にふれ，集団全体としての動きについても，より深くその力動機制に言及するようになる。この時期において，成員は互いに他の成員の問題から学ぶことが多くなり，自分と同様な悩みが他人にもあることを知り，集団は徐々に一種の共通感情をもつようになる。すなわち，集団の凝集性がかなり強くなってくる時期である。

③ 第3段階では，成員相互の親密さがいよいよ増加し，集団凝集性はより強くなる。成員たちの悩みや問題の解決が効果的に進み，各成員のパーソナリティの健全化がさらに進む。

　「グループ・アプローチ」ということばは，広義に使われる場合と狭義に使われる場合とがある（野島，1988）。広義の場合は，個人の成長・教育・治療・対人関係の改善，組織開発などを目的として，集団の機能・家庭・力動などを用いる各種アプローチの総称を意味する。したがって，この場合には，前述した「集団療法」は「グループ・アプローチ」の一つに含まれることになる。狭義の場合には，集中的グループ経験を意味する。この意味では，「グループ・アプローチ」と「集団療法」は，同レベルの概念になる。両者の大きな違いは次の点だとされている（野島，1988）。

① 目的が，前者はおもに心理的成長や教育であるのに対し，後者は治療である。

② グループの場面設定が，前者は原則として合宿型（集中的に会合が行わ

れる)であるのに対し,後者は分散型(一定の間隔をおいて定期的に会合が行われる)である。
③　1回のセッションの時間が,前者は比較的長時間(1時間半～3時間)であるのに対し,後者は1時間前後である。

わが国で実践されている狭義の「グループ・アプローチ」には,感受性訓練,Tグループ,ラボラトリー・トレーニング,グループ・ダイナミックスセミナー,健康増進セミナー,自己発見のための合宿セミナー,エンカウンター・グループ,IPRトレーニング,CST,こころの旅のグループ・ワークなどがある。

グループ過程を扱った研究としては,林(1989)のものなどが知られている。しかし,グループの雰囲気の変化,メンバー間の相互作用の変化といったものからでは,グループ全体の印象の変化は把握できても,個人の心理的成長の過程やそのメカニズムは解明できないと考える研究者も存在する。そのような研究者は,グループ過程を通して個人がいかにして成長していくのかが解明され,成長メカニズムや変化メカニズムの解明に向けて前進するためには,グループ過程のなかで個人が実際にどのような経験をしたのか,という個人の経験の過程こそが明らかにされなければならないと主張している(平山,1998)。

② 家族療法の事例研究の方法と実際

不登校の問題を抱えた家族の臨床事例を取り上げて,前述した家族イメージ法を用いた事例研究が実際にどのように実施されたかについて説明しよう(田中,1998)。
①主訴: 中学1年女子の不登校。
②家族構成:40歳の父親,43歳の母親およびIP(問題を抱えたとされる人物)の3人家族。
③来談経過:IPは,小学生の時にいじめにあい,不登校気味であった。公立の教育相談機関からの紹介では不登校が主訴となっていたが,初回の家族面接では,母親から「家族全員のことについて相談したい」との希望が述べられた。
家族関係については,IPは小さい頃からおとなしく,いい子であった。しか

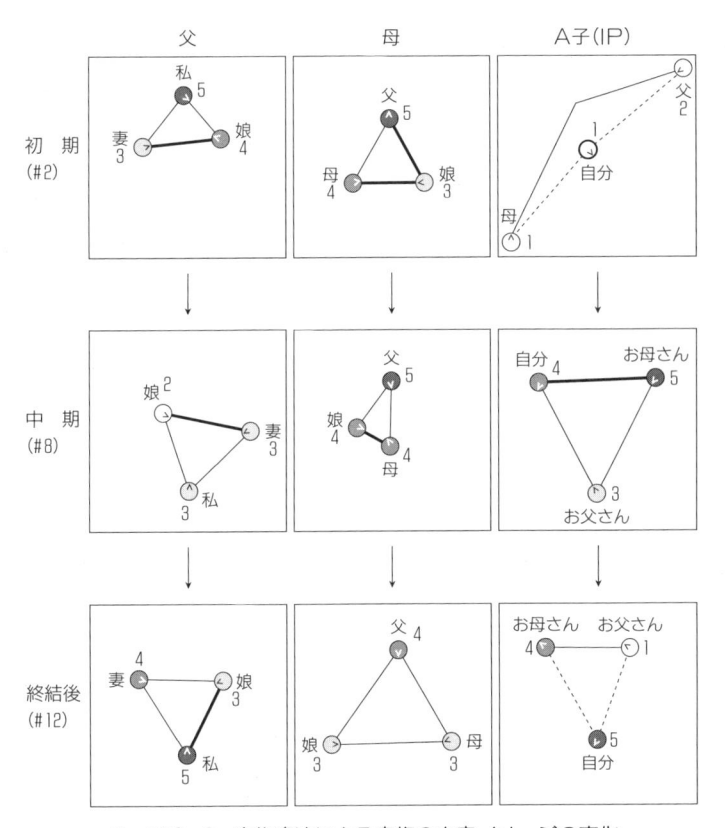

● 図8-2　家族療法による家族の自家イメージの変化

し，IP自身は，両親が自分を理解しない，冷たい両親とみていた。中学入学後は，一転してIPは激しいことばで両親の過去の自分に対する仕打ちについて責めるようになり，不登校に陥った。

④面接方法：　月1回で，11回の家族面接が実施され，6か月後にフォローアップ面接が実施された。

⑤アセスメント結果

初期の第2回面接時の家族イメージ法の結果は，図8-2の上部に示されている。なお，円形シールの濃淡は家族内でのパワーの強弱に対応し，相互の距離は，心理的距離に対応し，描かれた線分の太さは，関係の強弱に対応している。父親と母親の家族イメージはかなり類似しているが，パワーの認知や関係強度

の認知について，多少の差異が認められる。一方，IPが描いた家族イメージは，両親のものとは大きく異なっていた。IPは，枠の両端に遠く離し両親のシールを，その中間の位置に自分のシールを置き，しかも，いずれの両親との関係も不明確な点線で表示した。両親のものと比較して，家族全員のパワーをきわめて低く見ていることが注目された。また，関心の方向を示す家族の互いの鼻が，IPでは，すべて別の方向を向いていた。家族イメージ法を用いた，この自己アセスメントの結果を見ることで，両親はIPの家族イメージが自分たちのものとは大きく異なることを痛感したようである。

フォローアップ時点での家族イメージ法の結果は，図8-2の下部に示している。両親の家族イメージの変化はそれほど顕著ではないが，細部においては家族療法の効果を反映したと推測される変化が認められた。父親は，自己を妻と娘よりも下方に位置づけた。母親の家族イメージは，形態としては無変化であるが，夫が外部ではなく，母子の方向に関心を向けているように配置した。パワーについても微妙な変化を示している。

IPの家族イメージは，初期のものとは一変しており，形態は両親のものに近似してきた。しかも，パワーについては，自己を最強とし，母親を次に位置づけ，父親については最下位としていた。両親間の距離は近接し，同方向を向くように配置した。両親に対してIPは逆の方向を向くように自己を位置づけ，自立もしくは親離れの兆候をうかがわせていた。近接する両親間の距離に対して，母子，父子間は相対的により離れた位置関係となっており，このことから世代境界の設定ができはじめたと判断された。

⑥治療成果についての考察

ここでは終結後の両親を対象とするフォローアップ面接でのふり返りを中心に考察する。

家族療法終結後6か月を経て，家族全体に大きな問題は生じていない。以前は夫の意見に妻が反論することができずにいたが，最近ではすぐ反論し，後に引きずらなくなっている。IPは，両親の口論を「憎み合い」の表われとして受け取り，心配していたが，現在では「夫婦のことは夫婦で解決してほしい」と割り切れるようになっている。フォローアップ面接時の家族イメージ法の結果について，両親は次のような感想を述べていた。

② 家族療法の事例研究の方法と実際

父親：下から妻と娘を見つめています。自分は下にいるけど，家族に対する影響力はある。妻と娘は向かい合わせにしている。自分と娘の結びつきは強いと思っています

母親：一瞬，夫の鼻の向きを家族外の方に向けようかとも思いましたが，夫の心の中を思えば仕事をしながら，家族のことを考えてくれているのではないかと思って，内側に向けました

さらに，面接終了後に家族イメージ法についてのアンケート調査を実施して，家族全員から郵送で回答を得ることができた。以下がその内容である。

〈父親の回答〉
① 「こんなのやってどうなる」という，当初の気持ちが，イメージ法をくり返すうちに，今まで自分がいかにわがままで，暴力人間であったかということを思い知らされました。妻や娘に対するそれまでの優しさや愛情は，自己満足にしか過ぎなかったことが，嫌というほどわかりました。まだまだ道のりは遠いですが，一日も早く娘から「お父さん」と呼ばれたいと思います。
② 家族の絆が顕著にそして明確に表現され，驚きでいっぱいです。初めてのイメージ法から最後のイメージ法の結果までを机に並べては，心の移り変わりをかみ締めています。

〈母親の回答〉
① 家族一人ひとりが今までどのような気持ちでいたのか，イメージ法を使うことにより，よくわかりました。3人ともそれぞれ「我」が強かったような気がします。
② 娘がこんなに両親をしっかり見ているとは思いませんでした。

〈娘（IP）の回答〉
① お父さんは家族の雰囲気を口に出して言ったことはなかったけど，よく家庭のことをわかっているなと思いました。お父さんも家庭の雰囲気が悪いことをよくわかっていてうれしかったし，お父さんが家庭の悪さを知っていたことに気づきました。
② 家族イメージ法をしてからお父さんとお母さんがどんな感じで家庭のことを思っているかということがわかってうれしいです。過去の家族のことを考えるとさびしかったけど，家族イメージ法で過去の仲が悪かった家族のことを思っても，悲しくなくなってうれしいです。
③ 家庭がよくなってうれしいです。さびしいとか悲しいとか思わなくなったことが一番うれしいです。

親子3人の感想にみられるように，「家族イメージ法」というきわめて簡素な「鏡」に映し出された，「自家像」をお互いに共有することで，この家族は分裂の危機を乗り越えることができた。この事例にみられるように，家族療法家の役割は，問題を抱えて見通しを失った家族が，家族合同面接という非日常的な「フレーム」の中に自らの身を置き，円環的面接法，家族イメージ法，描画法，

あるいは粘土造形法といった種々の手法を通じて自己点検できるように援助することである。

③ グループの事例研究の実際

ここでは，平山（1998）のエンカウンター・グループ発達段階に関する事例研究を紹介しておくことにする。

　①第1段階　開始後，沈黙が続き，メンバーは下を向いていたり，目をつぶっていたりする。直子がくすくす笑う。沈黙は15分位続く。自己紹介をめぐるやりとり，好きな本，ホラー映画の話などなされる。
　②第2段階　沈黙が続く。皆，緊張しつつも，沈黙がマンネリ化している感じ。ファシリテーターが「話したくないのに話す必要はないけれど…」と沈黙を扱う。
　③第3段階　ひとり住まいの話，周囲の他の部屋に対する音の遠慮などが話される。沈黙が続き，グループにどうかかわったらいいのかわからない，といったことが語られる。
　④第4段階　岩子の発言の直後に美和子が黙ったまま涙を流す。長い沈黙が続く。敏男と直子のあいだで「自然は不自然」という会話が交わされる。そして，敏男が誰に言うともない調子で，「岩子さんにはわからんやろうねえ」と言う。岩子は沈黙している。
　⑤第5段階　直子が泣きながら話す。「前のセッションで腹痛。…しだいに腹痛がやんできたら，自分がすごく緊張していることに気づいた。自分は周囲に気を使わないほうだと思っていたけど，すごく使っていてこたえていたことに気がついた。そう言えば，ここへ来る前にある討議があって，自分がまとめ役だったが，一人ひとりの言うことを理解していくのにきつかった。自分は他人の気持ちとか理解するのが元々すごく苦手」。ひとしきり語り終えた直子はすっきりしたようすである。
　⑥第6段階　皆荷物をまとめてセッションルームへ。皆，元の座りなれた場所へ座る。しばらく沈黙。これまでのプロセスで話すことが少なかった和男のことが話題化される。ひとしきりして，佐和子が自分の幼いころの経験を想起し，涙を流しながら語る。周囲のメンバーはじっと耳を傾ける。貴男が自分への最後のフィードバックを求め，4，5人がそれに応える。

　平山は，この事例を含む2つの事例研究から，以下の6つの発達段階が区分

され，特徴づけられたとしている。
① 戸惑いの経験の発生とその対処としての沈黙および防衛行動の段階。
② 防衛行動や沈黙行動が行き詰まり，メンバーの自己介入に対人関係へのアンビバレンスが自覚されてくる段階
③ 戸惑い経験や防衛行動に対する退屈感を言語化し，グループにかかわろうとするメンバーが出現し，言語化やかかわりに抵抗を感じているメンバーとのあいだにズレが生じる段階。
④ グループ内対人関係に個人の目がいき，グループ内での気がかりや引っかかりが話題化され，カタルシスと言語的・非言語的，意識的・無意識的フィードバック機能が展開する段階
⑤ 他者からの問いかけと自己の内面からの問いかけによって内的経験への照合が促進され，それまで適切に概念化されていなかった内的体験が意識化され，自己概念と他者概念が眼前の相手とのやりとりでの探求と照合に開かれる段階。
⑥ 終結段階

④ まとめ

同じく，集団を対象とするアプローチでありながら，家族療法が夫婦あるいは親子といった「関係」そのものの変化を重視するのに対し，グループアプローチは集団という治療的枠組みのなかで，「個人」の内的な体験過程を重視していることが理解されたのではないだろうか。両者の事例研究も，それぞれの特性を生かす形で記述の手法が工夫される必要がある。

引用文献

秋丸貴子・亀口憲治 1988 家族イメージ法による家族関係認知に関する研究 家族心理学研究，2(1), 61-74.
林もも子 1989 エンカウンター・グループの発展段階尺度の作成 心理学研究，60(1), 45-52.
平山栄治 1998 エンカウンター・グループと個人の心理的成長過程 風間書房
亀口憲治 1997 現代家族への臨床的接近 ミネルヴァ書房
亀口憲治 2000 家族イメージ法 福西勇夫・菊池道子（編） 現代のエスプリ 心の病の治療と描画法 至文堂 Pp. 167-178.
野島一彦 1988 グループ・アプローチの理論と技法 岡堂哲雄（編） 現代のエスプリ 257号 心理療法Q＆A 至文堂
田中留里 1998 家族面接過程における家族イメージの変化 福岡教育大学教育学研究科修士論文（未公刊）
対馬忠 1973 集団心理療法入門 サイマル出版会

9章 歴史的人物の事例研究

　事例研究という場合，事例研究者と対象者とのあいだに直接的な人間関係がある場合と間接的な人間関係しかない場合とに区別できよう。前者では，心理療法面接にしろ調査面接にしろ心理テスト面接にしろ，対象者とのあいだに直接の人間関係があるので双方向的な交流が可能である。しかし，後者では，得られた資料を対象者に確認するということがむずかしくなる。たとえば，仮に幼児期の対人的エピソードや心理テストの結果などが存在したとしても，それらの意味や妥当性を対象者に直接確認することは困難である。

　本章ではこのように，対象者とのあいだに間接的な関係しか有しない場合の事例研究について述べたい。具体的には，過去の歴史的人物を取り上げる際の留意点について述べてみたい。

1　事例研究の進め方

　まず，自分が本当に関心のもてる人物を同定する。つまり，研究者の内的必然性に基づいて，真に関心のもてる人物を見いだせるか否かが事例研究の鍵となる。内的必然性は，事例研究者自身の何らかの心理的テーマといってもよい。

　心理的テーマは，対象者のどこに焦点をあてるのかということと関係してくる。ある特定の人物のパーソナリティ構造に焦点をあてるのか，その人物の父子関係に焦点をあてるのか，それとも母子関係か，夫婦関係か。何らかの内的なコンプレックスとその克服過程に焦点をあてるのか。自我同一性の形成過程に焦点をあてるのか。はたまた，芸術的・科学的創造性と狂気との関係，たとえば創造的活動が心の病を癒すのか，それとも逆に，創造的活動によって心の病が引き起こされるのかといった事柄に焦点をあてるのか。対象者の思想と歴史的条件との絡み合いに焦点をあてるのか。

　さて，対象者が決まったら，できる限りの資料を集めていく。まず，その人

が書いたものを集める。ついで，その人について書かれたものを集めていく。そして，多くの資料が集まったら，それらを何度もくり返し読んでみる。とくに本人の自筆の手紙や日記には格別の注意を払う。

　このようにして，くり返し資料を読みこなしていくうちに，少しずつその人を理解する仮説のようなものが浮かび上がってくる。仮説が浮かび上がってきたら，それをまた資料に照らして再吟味していく。つまり，「資料の読み込み→仮説の設定→原資料・関連資料との照合→仮説の修正」といった一連の手続きをくり返すことになる。

② 資料の質の問題について

　ここで，資料を仮に一次資料・二次資料・三次資料・四次資料に分けたい。
　一次資料としては，対象者本人が書いた「手紙」があげられよう。手紙は一般に第三者に読まれるということを想定していないので，それだけ対象者の生身の自分が露呈されやすくなる。とくに，手紙を出した相手がきわめて親しい人の場合には，たとえばフロイトのように大変率直な自己開示がなされる。
　二次資料としては，対象者本人が書いた「日記」があげられよう。日記は多くの場合，心のどこかでいつか誰かに読んでもらいたいという気持ちを秘めていることが多く，したがってある程度の自己脚色化を免れない。実際，本人が死ぬ間際に「死んだら日記を焼き捨てるように」とだれかに頼むことはあっても，書きためた日記を本人自身が死の直前に焼き捨てたという例は聞かない（自殺者の場合は例外である。もっとも，遺書代わりに日記を残しておく青年もいる）。
　このように，日記は手紙と比べると資料的価値が少し劣るものの，しかし，後述する自伝や見聞記に比べるとその価値ははるかに高い。とくに，日記の中に夢が記されている場合はなおさらである。ホールとリンド（Hall & Lind, 1970）は，作家のカフカが彼の日記の中に書き記した計37の夢（2つは手紙の中の夢）を客観的・計量的方法によって分析し，カフカのパーソナリティをみごとに描き出している。
　ただし，日記には，最初から後世に残すことを強烈に意識して書かれている

ものもあるので注意したい。また,『問はず語り』(玉井校訂,1968)のように,過去の人生をふり返って書かれたものもある。回顧した場合,どうしても誇張や記憶錯誤が生じやすくなる。なお,現代において雑誌や新聞に連載されることの多い「随筆」は,内容にもよるが,一種の日記といってもよいであろう。

　三次資料は,対象者本人が自分のことについて書いた著作である。いわゆる「自伝」といったものが相当しよう。この場合,出版という形で第三者に公開することを意識して書かれているので,誇張・削除・歪曲といったものがなされている部分をどのように見抜き,どのように修正していくかが大切となる。

　自伝の中には,一見赤裸々な自伝のようでいて,その実,まったくの「自伝的小説」と化しているものもある。なお,晩年になって自分の生涯をふり返って書かれた日記は,必然的に自伝ともなっている。先に述べた『問はず語り』や『更級日記』(西下校注,1930)がその好例である。

　以上,便宜的に一次・二次・三次と分けたが,夢を主軸として考えた場合,手紙であれ日記であれ自伝であれ,夢が見たままに記録されている限り,その夢のもつ価値は一次資料に匹敵するといってもよいだろう。

　最後の四次資料は,対象者本人をよく知った人々による「見聞記・思い出」の類である。たとえば,夏目漱石の妻の鏡子によって書かれた『漱石の思い出』(夏目,1966)は,被害・関係妄想を筆頭とする漱石の精神の病(鏡子夫人のことばでは「あたまの病気」)について大変貴重な資料を提供してくれる。(余談ではあるが,妻であった鏡子夫人の観察は,さすがに鋭い。たとえば,「頭が悪くなる」と漱石はしきりに絵を描いたが,これは,夫人によれば,病気のもたらす苦しさから逃れるための一つの方法であったという。ここには,精神の病に対する漱石なりの工夫がうかがえる。現代風にいえば,自己治療的芸術療法といってよいかもしれない。)

　見聞記の場合,対象者に対する理想化やおとしめによって対象者の言動が歪曲されることが少なくないので注意したい。とくに対象者が宗教の教祖や改革運動の旗手であった場合には,弟子(崇拝者)による誇張化がなされやすい。はなはだしい場合には,弟子自身の見解が教祖のことばとして語られるという政治的意図がはたらいていることもある。教祖の死後に形成された教団による「手のこんだ明細化」(山形,1976)が施されることもある。残されている諸資

料（史料）を丹念に解きほぐし，資料間の整合性や論理的一貫性を重視する姿勢が大切となろう。

　一般的にいって，ある特定の人物についての一次資料も二次資料も三次資料も存在しない場合には，その人物についての事例研究は不可能に近い。たとえば，歴史上大変重要な人物であるイエスには数多くのことば伝承・奇跡物語伝承・受難物語伝承・復活物語伝承があり，それらは少しずつ形を変えて福音書に収められている（福音書それ自体にも，さまざまなものがある）。しかし，イエス自身の手になる言行録はない。したがって，たとえどれかの伝承の原型が復元されたとしても，それはあくまでも「伝承者の振舞を通して行われたロゴス（ことば）化」（荒井，1974）以上のものではなく，そこにイエス研究のむずかしさがあろう。

③　解釈の問題

　歴史的人物にまつわる事柄を解釈していく場合，あくまでも資料そのものに密着することが大切である。たとえば，藤原道綱母（936-995）が36歳の時に見た「腹の中の蛇が歩き回って肝を食べる夢」がある。夢は，『かげろふ日記』に記されている。肝は，狭義には肝臓であるが，ここでは広義の内臓・臓腑とみなして話を進める。

　さて，この夢について校注者の川口（1957），森田（1978），深沢（1985）らは，蛇は道綱母の性的欲望を表わすものと解釈している。しかしながら，このようなフロイト的観点からの解釈は，資料（ここでは『かげろふ日記』の記述）に照らした場合疑わしい（名島，1995）。その理由としては，①蛇が食べているのは道綱母の内臓であって，女性性器ではない。しかも，夢の記述には，快的・悦楽的な感情がまったく記されていない。②原文には，「これをぢ（治）せむやうは，おもて（面）にみづなむい（沃）るべきとみる」とある。つまり，蛇に食べられた内臓を治すには，顔面に水を注ぎかけるのがよいとある。このことからすれば，蛇は道綱母の体内を傷つける異物だとみられている（中国から古代日本に導入された陰陽五行説からすれば，火（蛇）が木（肝）を食べ，それを治すには水が必要ということになろう）。③蛇の夢は，道綱母が長精進（ながしょうじ）の最

中に見たものである。しかも，仏弟子にして下さいと仏に祈りながら見たものである。夢の流れからしても，「頭髪をとりおろして尼姿になる夢」の約1週間後に見たものである。

これらのことからすれば，蛇を性的欲望の象徴とみなすのはあまり適切とはいえない。蛇はむしろ，道綱母の生命体を傷つける「悪しき自己（bad self）」であろう。『かげろふ日記』の中の道綱母自身のことばを借りれば，「胸のほむら（火群）」や「わ（沸）きたぎるこころ」，つまり，「町の小路の女」（京都の町の小路という通りに住んでいた女性）や「近江」（藤原国章 女）に心を移してしまった夫の兼家に対する燃えさかる憤怒である。

憤怒が身を焼き尽くすということは，反面，自己変容の好機でもある。その意味では蛇は，道綱母の「よき自己（good self）」「聖なる自己（holy self）」でもある。夢の流れからしても，蛇は仏性であり，道綱母の生臭い体内を駆除するものである。

道綱母は蛇の夢を記述した後，「悪夢か吉夢かわからないが，このように書き記しておくのは，このような私の身の果てを見たり聞いたりする人が，夢や仏を信じるべきかどうかを判定してほしいから」云々と述べている。結局，道綱母は蛇の夢を書き留めただけであって，蛇の夢を手がかりとした自己探索を行っていない。権力亡者であった兼家に取りすがっている彼女自身の功利性や，道綱母を兼家と結婚させることによって出世していった道綱母の父親（倫寧）に対する複雑な思いといったものは，手つかずのまま残されてしまった。

④ どのような立場から接近していくか

事例への接近の仕方を大別すれば，①何らかの既存の理論や概念，たとえばフロイト心理学やユング心理学に基づいて接近する場合，②新しい理論や概念，たとえば「甘え理論」（土居健郎）や「対抗同一性概念」（福島章）などに基づいて接近する場合，③特定の理論や概念を用いずに，資料操作や規準データとの比較によって新しい知見を発見する場合といった3つのものに分けられよう。大別すれば，確認型接近（①と②）と発見型接近（③）に分けられよう。これらは事例研究の目的にかかわるものであり，研究者によって異なってこよう。

5 事例研究の実際

　最後に，事例研究の実際例を呈示したい。対象者は，筆者が以前に吟味したことのある唐の善導（Shan-tao）(613-681)である（名島，1999 a）。善導は中国浄土教の大成者であり，『観無量寿経疏』をはじめとする彼の諸著作は，日本の法然や親鸞に深い影響を及ぼした。

(1) 善導の夢

　筆者自身は内的必然性によって法然や親鸞の思想に関心を抱き，その縁で，彼らの「親」ともいえる善導に強い関心を抱くようになった。しかしながら，善導の宗教同一性を検討しようとする場合，次のようなむずかしさがあった。①善導自身の手紙や日記などが存在しない。②善導についての詳しい伝記がない。たしかに『続高僧伝』の第27巻「会通伝」や『新修往生伝』は善導にふれてはいるが，ごく短い記述である。しかも，これらは伝聞の類である。

　唯一の手がかりは，善導が40代の頃に見た夢であった。善導は主著の『観無量寿経疏』（『観無量寿経』についての注釈書）を執筆する直前と執筆中，さらには執筆直後にいくつもの夢を見ている。しかも，善導は，自分が見たこれらの夢を『観無量寿経疏』の第四巻「散善義」の結文（奥書）に直接書き記しているので，夢の信憑性は疑えない。

　このような次第で夢が基礎資料として利用できることになったが，しかし，まだ問題は残されていた。善導の夢の記述には，特定の夢要素についての連想はないし，夢全体についての感想もほとんど記されていなかった。夢の意味はもともと個人的・多層的・多義的なものであり，したがって，夢主の側の連想なしに夢解釈を行っても，それは夢占い（一種のこじつけ）となってしまう。筆者自身は夢主が無理なく自分の夢の意味を探索できるように援助するための特殊な介入技法をいくつか考案していたが（名島，1999 b を参照），7世紀に生きた善導に直接面接して，介入技法を適用してみるわけにもいかない。

　このように，夢を利用しようとしても，夢を解くための手がかりが不足していた。結局筆者は，夢要素についての善導の内的連想に代わるものとして，善導自身の『観無量寿経疏』や，善導が深く考究した『観無量寿経』『無量寿経』

第3部　事例研究の応用と発展

9章　歴史的人物の事例研究

『阿弥陀経』などを用いることにした。具体的には，とくに善導が『観無量寿経疏』を執筆した直後に見た三つの夢におけるさまざまな数字の意味を，善導が深く自我関与した諸資料のなかから浮かび上がらせていくという方法をとった。

(2)　第一夜の夢の分析例

ここでいう三つの夢とは，第一夜の「三具の碍輪と阿弥陀仏の夢」，第二夜の「阿弥陀仏と十僧の夢」，第三夜の「二つの幢杆と五色の幡の夢」である。数字は，第一夜では，道のほとりでくるくる回っていた三対の石臼の「三」，白いラクダに乗った「一人」の「一」。第二夜では，七宝の樹を囲繞する十僧の「十」。第三夜では，二つの幢杆の「二」，五色の幡の「五」である。

ここでは，第一夜の夢を例にとって解読の手続きを述べる。まず，「三」について。仏教における三といえば，三宝（仏・法・僧），三仏菩提尊（応身・報身・法身），三乗（小乗・中乗・大乗），三界（欲界・色界・無色界）などがあげられる。しかし，善導自身が重視したもので，しかも回転する（機能する）ものとしては，これらのものはそぐわない。三は，往生の条件たる「三心」をさそう。三心はもともと『観無量寿経』において至誠心・深心・廻向発願心であると指定され，善導は『観無量寿経疏』において，至誠心を「真実の心」，深心を「深く信ずる心」（①自分が罪悪生死の凡夫であり，出離解脱が困難であることを信ずることと，②弥陀の願力に乗って往生することを信ずることの二つに分かれる），廻向発願心を「善根をことごとく真実の深信心の中に廻向して，かの国に生ぜんと願ずる心」であると解釈した。第一夜の夢の中では，これらの三つの心が機能するなかで，白いラクダに乗った一人の人がやってくる。

次に「一」。この一人の人は夢の中では，善導に対して善導の往生を保証するとともに，善導に懇切な教訓のことば，つまり「あなたは必ず往生する。退転するな。この世界は醜悪で，苦が多い。歓楽を貪るな」ということばを与えていることからして，阿弥陀仏であろう。（白いラクダの白は，善導の「散善義」の中の二河白道のたとえの解釈を参考にすれば，「清浄の願往生の心」を表している。ラクダは言うまでもなく，西域の乗り物である。）

この阿弥陀仏はまた，善導が『観無量寿経疏』を執筆中，夢の中で観無量寿

経の玄義（経文の奥深い意味）を善導に教示してくれた「一僧」(いっそう)（一人の僧）とも共通しているものと思われる。善導はもちろん，僧が何者かは記していない。しかし，善導が霊験を請求して，阿弥陀仏を三万遍念じて仏像の前で願を結んだその夜に「光明の中に諸仏・菩薩を見る夢」を見，それ以後一人の僧が善導の夢の中に出現するようになったという筋の運びからすれば，僧は阿弥陀仏の象徴であると思われる。

この「僧－阿弥陀仏」は，宗教心理学的に考察した場合，善導の夢の中に僧形となって形象化した善導自身の宗教的自我（religious ego）であろう。この宗教的自我は，称名念仏者としての同一性を志向する善導の能動的自我であり，理論的には，先験的な超越者（ここでは阿弥陀仏）からのはたらきかけによって発動するものである。ちなみに，ふだんの善導は僧侶の姿であり，この点からしても，夢の中の僧は善導にとって自我親和的なものである。それだけに，僧を善導の宗教的自我と想定することにさほど無理はないものと思える。

以上，筆者は第一夜の夢を例にとって，夢の解読，つまり夢の中に出現した数字の意味と心理学的考察について述べた。ここでは，一次資料のみでなく，二次資料も三次資料も四次資料もきわめて乏しく，しかも対象者が過去の人物である場合の事例研究の進め方について，筆者なりの接近の仕方を例示した。他にも異なった接近が可能かもしれないが，一つの参考とされたい。

引用文献

荒井　献　1974　イエスとその時代　岩波書店
深沢　徹　1985　『蜻蛉日記』下巻の変様―夢の〈記述〉とその〈解釈〉をめぐって　日本文学, 34, 53-66.
Hall, C. S. & Lind, R. E.　1970　Dreams, life and literature : A study of Franz Kafka.　North Carolina : The University of North Carolina Press.　外林大作（訳）1976　カフカの夢　誠信書房
川口久雄（校注）1957　かげろふ日記　鈴木知太郎・川口久雄・遠藤嘉基・西下経一（校注）土左日記・かげろふ日記・和泉式部日記・更級日記　岩波書店　Pp. 83-378.
森田兼吉　1978　夢よりもはかなき―女流日記文学と夢　佐藤泰正（編）文学における夢　笠間書房　Pp. 22-40.
名島潤慈　1995　蛇の夢―藤原道綱母の場合　広島大学教育学部心理教育相談室　心理教育相談研究, 12, 1-7.
名島潤慈　1999 a　善導の夢―三夜の夢における数字の意味についての検討　心理臨床学研究, 17(2), 113-123.
名島潤慈　1999 b　夢分析における臨床的介入技法に関する研究　風間書房
夏目鏡子　1966　漱石の思い出　角川書店
西下経一（校注）1930　更級日記　岩波書店
玉井幸助（校訂）1968　問はず語り　岩波書店
山形孝夫　1976　聖書の起源　講談社

10章 PAC分析と「個」へのアプローチ

　私は，実験社会心理学→臨床心理学→実験社会心理学と，専門領域が移行し回帰する過程を経て，臨床心理学の方法と実験社会心理学の方法とが融合する事例研究法，PAC（パック）分析を開発するにいたった。この技法を通じて，人々が治療的介入を受ける以前にも暗黙裡にスキーマを獲得していること，その構造を自由連想と多変量解析を援用することで析出し，間主観的な解釈方法によって明確化できることを明らかにしてきた。本稿では，私のささやかな臨床体験，技法開発の経緯を回顧し，技法の実際を簡単に紹介した後に，PAC分析が事例報告・研究一般に対して示唆するところを論述する。

1　私の臨床体験

　私の学部以来13年間の主専攻は実験社会心理学であった。その間の臨床心理学とのかかわりは，調査によって群間を比較する程度にすぎなかった。それで別にどうということもなかった。
　その後幸運にも医療技術短期大学部に奉職することができ，授業として臨床心理学を担当するようになった。職に就いた喜びも半分で，「実務経験なしの臨床講義は，一度も水に浸からずに水泳を論じるようなもの」との焦りを感じて，児童相談所嘱託の仕事を得て心理判定に携わることになった。しかしすでに36歳を過ぎてのゼロからの出発に，不安がいっぱいだった。追い打ちのようなショックを受けたのは，「相談所の記録は公文書であり，50年間保管される」と聞かされたことである。「これは大変なことだ，生半可ではできない」と実感した。しかし，当時は臨床心理士の制度もなく，県内には卓越した臨床心理学専門家が皆無という状況にあった。とにかく何とかしなければと，藁にもすがる思いで，担当するケースに直結する著書や論文とともに，当時，誠信書房からシリーズで出版されていた『臨床心理　ケース研究』『心理臨床　ケース研究』

の各巻を乱読し始めた。嘱託勤務は月に2回程度で，1回の担当は1ケースか2ケースであった。そこで，毎回のケースの記録に数時間を費やすことができた。「子どもや親の何が問題として記録されるべきなのだろうか」「自分はいったい何をしたのだろうか」を反芻しながら，時には8時間もかかって毎回の記録をまとめていた。危うい仕事にため息が出そうだった。暗中模索状態で多様なケースに出会い，各回の観察・心理判定・治療の試みの記録を続けた。そうしたある日のこと，何気なく数か月にわたる経過記録をぱらぱらとめくると，霧が晴れたようにケースの流れが見えてきた。記録には相変わらず時間がかかるものの，その頃から見立ての勘所のようなものを感じることができるようになった。見よう見まねで，伝統的な手法での事例研究論文をまとめるようにもなった。

② PAC分析開発の経緯

　医療技術短期大学部に在職中は，職場の表看板が臨床心理学であるので実務にも従事しているけれども二流三流にすぎず，本当の表看板は社会心理学であるという意識が強かった。それが実態だったし，そう思わずにはいられなかったのだろう。両専門での知識や経験は別々のひきだしにしまわれて，「二足の草鞋を履いている」との思いが続いていた。そうして医療技術短期大学部に奉職してから6年6か月が経過し，臨床心理の専門家としてようやくスタート地点に着いたときに，現在の職場である人文学部（当時は社会心理学小講座）に転出した。異動直後は，「これで得意とする本来の専門に戻れた」「臨床心理学から離れられる」と感じていた。ところが，もはや拭い去りがたいほどに臨床心理学的な発想や感性が染みついてしまっていたのである。看板は年月を経て裏も表も区別がつかないほどに日焼けし，変質していた。そして我と我が身の中で，2つのひきだしが同時に開け放たれてしまい，矛と盾のように鋭く対峙して，葛藤し渦を巻き始めたのである。臨床の現場で，それぞれに独自の問題や個性をもつ子どもたちを療育し，親のカウンセリングを続けてきた後では，抽象的・平均値的な人間を描き続ける今日の社会心理学の態勢に疑問を感ぜざるを得なかった。なじみのあるはずの社会心理学の，どの教科書を読んでもしっ

くりしないのである。「社会心理学講座担当者」としてのアイデンティティによって自身を説得し割り切ろうとしても,「今ここに生きている実在の人間」「私やあなたという『個』」が欠落しているとの実感を拭い去ることができなかった。別言すれば,それぞれに独自な個性をもつ人々一人ひとりの社会的行動の構造やメカニズムを解明することの必要性に気づかされたのである。

こうして,臨床においてカウンセリングが何一つ手に持たずに個別の対象や現象に肉薄するように,社会心理学でも個別の対象や現象に鋭く迫ることができないだろうか,と考えるようになった。しかも,技術の習得に時間がかかり,理論的視点や主観が関与しやすい従来の臨床心理学的方法とは異なった,操作的で客観的で簡便な技法を開発できないだろうかと感じた。そのとき,かって大学院の学生時代に感じていた「個人独自の態度構造を捉えよう」との思いが蘇った。臨床の実践においてそうであるように,被験者は1名でよいのだ,平均値も分散も必須要件ではないのだ,くり返しデータはいらない。個人や単一集団の独自性や特有性,個のもつ豊饒を分析したい。しかも個々の要因分析ではなく,全体構造を捉えたい。これができれば,個別事例について長期間にわたる膨大な情報を直観を駆使しながら分析していく(そうすることでしか分析できなかった)従来の,いわゆる事例研究法(Allport, 1942)の呪縛から,個性記述的研究を解放できる。膨大な変数が総合的に関与する事例の,操作的科学的な研究への道を切り開くことができる。そう感じた。何が何でも技法を創案せずにはおられないとの思いが募った。こうしてPAC分析の開発に着手することとなったのである。

3 PAC分析の技法概観

PAC分析のPACは,personal attitude construct(個人別態度構造)の略称であり,"パック"と発音する。現在では,利用の仕方によっては,認知やイメージの構造,心理的場,アンビバレンツ,コンプレックスまで測定できることが確認されているが,その名称の由来が示すように,もともとは個人別に態度構造を測定するために筆者(内藤,1993)によって開発されたものである。この分析法は,当該テーマに関する自由連想(アクセス),連想項目の類似度評

定，類似度距離行列によるクラスター分析，被験者（クライエント）によるクラスター構造のイメージや解釈の報告，実験者（治療者）による総合的解釈を通じて，個人ごとに態度やイメージの構造を分析する方法である。もちろんこれらは後になって気づいたことで，開発当初は当人もよくわからずに，直観にうながされて作業を進めていた。技法について人に説明したり，論文にまとめることで発見していったものの集大成である。

技法の全貌については『PAC分析実施法入門：「個」を科学する新技法への招待』（内藤，1997）を参照していただくことにして，ここでは技法によって内面深くの構造が引き出されるようすを簡単に紹介しよう。

(1) ある女子学生の孤独感の例

表10-1をご覧いただきたい。これはある女子学生が，「あなたはどのような場面や状況で孤独を感じやすいでしょうか。そして孤独を感じているとき，自分がどんな状態にあると感じるでしょうか。また，どんな行動をしたいと感じたり，実際に行動するでしょうか」との教示（連想刺激）に対して，反応した項目である。くり返し読んでも，「わかったような，わからないような」もどかしさを感じるであろう。

◐ 表10-1　連想項目一覧（内藤，1997）

想起順	内容	重要順
1	テレビの放送が終わった時	⑭
2	パーティーの後	⑪
3	誰かに片想いしている時	②
4	信じていた人に裏切られた時	①
5	絶望する	⑯
6	自分の居場所がない	⑥
7	泣く	③
8	音楽を聞く	⑩
9	誰かに電話をする	⑤
10	アルバムを見る	⑮
11	遠くにいる人に手紙を書く	⑫
12	日記を書く	⑦
13	周囲に人がたくさんいるのに知ってる人がいない	⑬
14	独り言を言う	④
15	花を買う	⑧
16	お酒を飲む	⑨

第3部　事例研究の応用と発展

10章　PAC分析と「個」へのアプローチ◆

```
                    0                    距　離      8.936
                    +―――――――――――――――――――――+―――――――+
          1>  ┌―信じていた人に裏切られた時（－）
              │     泣　く（0）
          3>  ├―――┘
          9>  │        お酒を飲む（0）
              │     ┌――┘
          4>  ├―――┤独り言を言う（0）
              │    │   日記を書く（0）
          7>  ├――┐└―――┘
         10>  │  │    音楽を聞く（0）
              │  └――――┘    絶望する（－）
         16>  └―――――――――――――┘
          2>  ┌―誰かに片思いしている時（0）
              │        花を買う（+）
          8>  ├―――――┘
              │   自分の居場所がない（－）
          6>  ├―┐ 周囲に人がたくさんいるのに知ってる人がいない（－）
         13>  │ └―――――┘
              │   誰かに電話をする（0）
          5>  ├―――┤   遠くにいる人に手紙を書く（0）
         12>  │   └―――┘ アルバムを見る（0）
         15>  └―――――――┘
              ┌―パーティーの後（0）
         11>  │    テレビの放送が終わった時（0）
         14>  └――――――┘
```

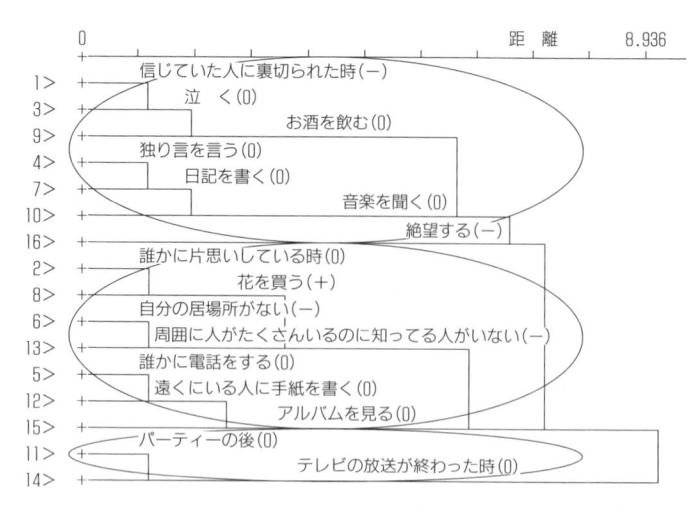

◉　図10-1　連想項目と＋－イメージが付加されたデンドログラム
　　　　　　（左の数値は重要順位）(内藤，1997)

　次に，被験者自身による項目間の類似度評定に基づいてクラスター分析した結果，図10-1での各項目のつながり（結節）を見ていただきたい。今度はかなりの読みとりができるであろう。それではさらに，クラスターのまとまり（筆者による囲みの部分）に対して被験者自身にイメージさせたり解釈させるとどうなるであろうか。図10-1を参照しながら，下記の被験者による回答を読んでいただきたい（紙幅の関係でクラスター間の比較や全体，項目単独でのイメージの部分については省略する）。

(2)　**被験者によるクラスター解釈**

　　　クラスター1（上の囲み）：……マイナスイメージというか，あの，とことん落ち込んでみる。で，あの，落ちるところまで落ちて，それで自分を，自分に，光を与える，与えようとする。そういうイメージです。……暗いですね，イメージ的に。わりと過去の自分の傾向ですね。過去にあの，（「信じていた人に裏切られた時」を指さして）この一番上の経験があって，そのときには，お酒は飲まなかったですけど，（残りの項目を指さして）他のこういうことをして，で孤独から離れようと，して，それが今も癖になっている。ふーん！　そういう感じです。（Q［質問］：まとまったのは？）……マイナス傾向っていうですか？　（Q：マイナスというのは？）あの，何

とか這い上がろうっていうよりは，落ち込むところまで落ち込んで，自分の殻に閉じこもって，孤独に，孤独から目をそらそうとしている。孤独を感じたときに，より孤独になろうとしている。そんな感じです。（後続の回答であるが，「音楽は，とことん静かな曲を聞いて，しかも今の状態を歌っているようなものを聞いて，泣けるまで聞く」とのこと。）

　クラスター2（中央の囲み）：どちらかというとプラスの傾向で，自分で何とかしようというより，他の人や物に頼ってでも，這い上がろうとしている。さっきのに比べると，今の私の状態の気がします。（Q：他にはどうでしょうか？）ん……，わりと，前向きかなと思います。（Q：まとまったのは？）プラス傾向で，現在の自分の状態です。さっきと違って，自分が孤独であるというのに，目をふさぐのではなくて，必ず何とかなると，信じて，いろいろなことをしようと頑張っていますね。自分が，一番生き生きとしたときの，自分の状態に，近づけようとしているように思えます。落ち込んでいるときに，花を買おうとか，電話をしようなどという気には，前はあまりならなかったんですが，自分が楽しかったときに，そういうことをしていたから，同じことをすれば，またあのときの自分になれるのではないかと思う。思います。そういうときに，そういうときの電話や手紙の内容は，悩みを相談するというより，楽しかったときの自分の姿を話す。いわゆる思い出話という感じになります。アルバムっていうのはまさにその象徴で，写真を撮るときっていうのは，たいてい笑っていますよね！？　こんな自分もいるんだから，たまには落ち込むこともあるけど，必ずもう一度こういうふうに笑えると，自分を励まして，頑張れるように，（後続の回答であるが，「自分に」）花を買ったり，自分で自分にやさしくなろうとしているように思えます。落ち込んだときにいろいろと試してみようとする自分が見えます。

　クラスター3（下の囲み）：これはプラスとかマイナスではなくて，おそらく，大学に入ってはじめて一人暮らしをして，はじめて自分一人という時間ができて，さみしいとか，悲しいとか，そういう孤独ではなくて，「今ここに自分しかいないんだなー」って思う程度で，不思議なんですが，突然部屋が広くなったように思います。その場には確かに私一人しかいなくて，孤独ではあるんですが，耳の中や目にはパーティーやテレビの放送が鮮明に残っていて，あまり，（笑いながら）変な言い方ですが，孤独っぽくない孤独だと思います。

　読者のみなさんは，デンドログラム（クラスターの図）に被験者のイメージや解釈が部分的にせよ加えられることによって，被験者の内面深くの世界を共有する体験を実感できたであろう。被験者1名の構造だからこそ，当の被験者自身にイメージを尋ねることができる。個人的な体験内容に基づく被験者独自のニュアンスについては，聞かないとわからない。ことばは，文化によって規定された意味原則だけではなく，個人の体験から生じた意味原則に従って表出

される。クラスターの解釈方法は，データの構造に基づいて被験者の内界を間主観的に了解していく技法によることから，「現象学的データ解釈技法」とよぶことができる(内藤，1993)。このあとで，他の指標の結果も含めながらどのように総合的に解釈されていったかについては，内藤（1997）をご覧いただきたい。

④ PAC分析のなかで何が起きているのか

　PAC分析によるイメージ構造の分析プロセスを図式化すると，図10-2のようになる。図から明らかなように，刺激語に対して放出された自由連想項目を，被験者（クライエント）自身の直観的な類似度評定に基づいてクラスター構造としてまとめ，この連想構造を再び刺激としてイメージさせている。「連想→まとめ→連想」のくり返し作業によって，被験者の内界深くにまで入り込み，いわば深層構造を探ろうとする技法である。実験者（治療者）は，被験者に同行し寄り添い支えながら，被験者の内界をともに探索していく。被験者の内界がクラスター構造として外在化されることで，外在化された自己（ここにいる私）を被験者自身に距離を置いて眺めさせ感じさせることを容易にする。実験者は被験者に寄り添いながら，外在化された被験者の自己をともに感じながら，その象徴的意味を探索し続ける。手続きが操作的であり，多変量解析（記述統計学）による分析結果を強力に援用しながらも，カウンセリングのプロセスそのものである。操作的・実験的・（記述）統計学的手法と間主観的・カウンセリング的・事例記述的手法の両者が統合されている。

　同時に，PACの分析プロセスからは，次のことが指摘される。クラスター構

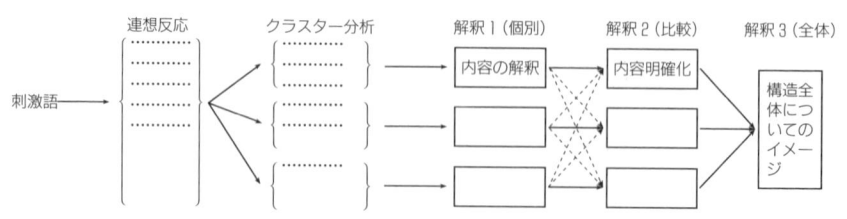

◗ 図10-2　PAC分析によるイメージ構造の分析プロセス（内藤，1994）

造は，被験者自身による連想反応とそれらの項目の類似度評定に基づいて算出されたものである。構造の析出以前には，カウンセリング的はたらきかけをまったく受けていない。にもかかわらず，カウンセリングを受けることで解明されるようなスキーマ（イメージ構造）が，被験者自身の内界に当初から存在している。この事実は，臨床の世界でいわれる「クライエントは，自らが知っている以上のものを捉えている」ことを確証する。そして，被験者自身にかかわる問題の諸々の変数が，研究者のスキーマによってピックアップされるのではなく，被験者自身のスキーマによって抽出される。集団によって標準化された共通変数からなる項目だけではなく，被験者独自の諸変数と他者と共通の諸変数から構成された項目の，特有な全体構造が析出されるのである。

クライエントが，自身が既有する構造を，寄り添う治療者とともに感じながら探索し，イメージ化し，言語化する作業が，「明確化」のプロセスであり，カウンセリングをはじめとする臨床の作業である。治療者が，クライエント自身のことばを用いて，クライエント自身の主体的探索を見守り促進し，構造が明確化されていくがゆえに，クライエント自身の心底深くに染み込んで共鳴する。

同様のことが治療者自身のうちにも発生するといえよう。すなわち，クライエントが感じている体感の表われである非言語，被験者自身の独自の個人体験や特有のニュアンスを込めた言語，治療者はそれらをともに感じながら感性レベルで受けとめる。そして治療者の内部で，クライエントから受けとめられた諸々と，治療的関係の中で治療者自身に生じた諸々とが，しだいに発酵しイメージ化され言語化され，統合されて治療的洞察へと熟成してくると考えられる。

PACの分析プロセスは，被験者やクライエント自身の，また研究者や治療者自身の現象世界，内的現実を両手ですくいとり，それらの構造を明確化していく作業がいかに重要であるかを示唆する。

5 事例報告・研究への提言

(1) 実験から調査，そして事例へ

私は，調査研究も含めた自身の研究体験から，質の高い事例報告・研究を可能とするためには，「実験研究→大量調査項目データ分析→事例研究」の順でト

レーニングを積むことが望ましいと考えている。実験研究では，わずか1変数の条件統制がいかに困難であるか，わずか2，3の従属変数ですらいかに厳密に考察しなければならないかを，実践的に学ぶことができる。大量調査項目のデータ分析では，圧倒されるほどに迫りくる多くの結果の中から決定因となる変数を見いだし，矛盾に満ちた多様な結果を統合し，総合的に考察することが要求される。事例研究は，被験者間の共通変数だけでなく，個人にかかわるあらゆる変数，すなわち他の人々と共有する変数だけでなくその個人独自のありとあらゆる変数の関与を想定し，それらの中から問題とすべき変数を特定し，今度は選ばれた変数どうしの相関や因果の関係を，実験研究にも匹敵するシャープさでもって分析することが要求される。私は，上述のような意味で，事例研究は最もむずかしく，ナタをふるうような破砕力と，剃刀でえぐるようなシャープさを併せ持つ力量が必要であると感じている。

そして，これは事例の報告や研究に限らないことであるが，被験者やクライエントが感じるもの，現場で観察される諸々の現象，実験者・治療者・研究者である自分自身の中で生起する諸々の現象を，寄り添いそっと手を当てていとおしみながら感じ取り続けることの必要性を感じる。弾丸のようにことばを突きつけ切り刻んでしまっては，われわれ人間が豊かな感性や直観で感じ取っているもの，内面深くで無意識のうちに捉えているスキーマを，イメージ化し，言語化する機会を逸することになる。ことばは魔術のように見える。しかし，事例からすぐれた成果を得られるかどうかの根幹にかかわる最終的能力は，言語表現力であるといえよう。天才とよばれる人たちの天才たるゆえんは，その人たちの経験内容が非凡だからなのではなく，誰でもが体験し得る事柄を非凡に独創的に語る力をもつことによるのである。それだからこそ，最終的には私たち凡人も天才の独創を理解することができ，共感することができるのだ，と信じる。

(2) 解釈の3つのステップ

最後に，事例研究法の一つであるPAC分析の技法に関して取り上げた，すぐれた解釈のための3つのステップを転載したい（内藤，1997，Pp.57-58）。

第1ステップ：単一の指標から安易に結論づけないで，各種指標の結果をく

り返しくり返し感じるように読み取り続けながら，確認する。やがて，ぼんやりとした背景から被験者の全体イメージがゲシュタルトとして浮かんでくる。外国語の翻訳のとき，逐語訳しながら読み進めると，解釈を誤ることが多い。翻訳しないで原語のままくり返し読み続けていると，急にわかるようになるのと似た過程である。まず被験者の内界を十二分に味わってから，次のプロセスに移ること。

　第2ステップ：データの結果を要約するだけでなく，既存の理論や知見を参照しながら意味づけるようにし，現代の学問の最先端の水準で解釈する。そして単一の理論や知見による説明にとどめず，さらに他の理論や知見での説明を試みる。解釈の幅を広げ，組み合わせ，多面的に論考する。

　第3ステップ：この段階では，一歩も二歩も踏み込んで，既存の理論や知見からの飛躍を試みながら，価値創造的解釈をする。データ解釈のレベルから，「かのようにみえる」「仮説的に○○であるかのように解釈することもできる」の考察をくり返し，当該の現象に関して，新たな発見的価値をもたらすような解釈可能性を求め続ける。

引用文献

Allport, G. W. 1942 *The use of personal documents in psychological science.* New York: Social Science Research Council. 大場安則（訳） 1970 心理科学における個人的記録の利用法　培風館
内藤哲雄　1993　個人別態度構造の分析について　信州大学人文学部人文科学論集, 27, 43-69.
内藤哲雄　1994　性の欲求と行動の個人別態度構造分析　実験社会心理学研究, 34, 129-140.
内藤哲雄　1997　PAC分析実施法入門─「個」を科学する新技法への招待　ナカニシヤ出版

11章 事例検討・事例研究の経験と工夫を語る

　心理臨床という若い学問のなかではぐくまれ，その研究の中心に位置する事例研究は，その骨子はできあがっているものの，まださまざまに創意し工夫することが可能であり，かつ必要な領域である。本稿で私は，事例研究の源であるところの事例検討のあり方，および事例研究の新しい一つの方向性について思うところを綴ってみたい。

1 はじめに

　私が初めてケース・カンファレンスで事例を報告したのは，心理臨床の道に入ってすぐの頃だった。もう20年以上も前になる。大学院に在学してはいたものの，臨床心理学を知識のうえで専門的に学ぶ場，ケースを担当する場，さらにはそのケースを詳細に検討する場のすべてを，自分で学外に求めていかなければならなかった。多くの研修会に参加し，そこでさまざまな先生方に出会い，そのなかから「この人にもっと学びたい」と思う先生を探す…20年前には多くの人がそういう模索をしながら勉強していた。それはまさに，手探りの時代だった。

　その一方で，自分がケースを論考（事例研究）という形で初めてまとめたのは，心理臨床の道に入って10年以上たってからだった。もちろん，それまでにも書きたくなかったわけではない。しかし自分と相手とのあいだにかわされた膨大な質と量のかかわりを，そのエッセンスだけを抽出し，限られた紙数のなかに収め，表現するだけの技量も力量も，それまでの私はもっていなかった。『紀要』に書くということに縁がなかったこととも関係していたのだろう。"なにか"がたりなかった。

　心理臨床の道に入って最初の数年間は，いっさい論文を書かず，ひたすら心理療法をすることに没入した。自分の中にクライエントとの関係によってわき

1 はじめに

おこり，触発されて生じたわけのわからない情動が，学んだ知識と混じり合いながら出口を塞がれ，"密封された私という器"のなかでグツグツと煮詰まり，ドロドロと渦をまいていった感じだった。

しばらくして，いわゆる研究論文を書くという作業を再開し，個人スーパービジョンや教育分析のようなものを受けるようになった。その過程を経てやっと自分のしていることをある程度客観的に見る視点をもち，学んだ知識を自分なりに消化し，心理面接のなかで起こったことを自分自身の「ことば」で表現することができるようになった。そうしてはじめて，私は事例研究を書くことができるようになったのだと思う。

そう考えていくと今，心理臨床家をめざしている人々は，環境的には恵まれている。それぞれに課題を抱えながらも，ある程度組織化されたカリキュラムが組まれ，実践研修のために付設された心理教育相談室があり，そこで体験したケースを，ほとんど自動的に『紀要』に研修事例として書くというシステムが整っている大学院が増えている。『紀要世代』(鶴田, 1995) ということばは，まさにそのような状況を的確に表しているといえるだろう。

しかし，だからなのだろうか。紀要に掲載されたり，学術雑誌に投稿される事例論考の質が気になるようになってきた。もちろん，たった一つの事例であるにもかかわらず，その深みと厚み，豊かな広がりで読み手にズシリとした手応えを与え，個別性を越えて普遍的な世界へといざなってくれるものもある。初心者であるがゆえの懸命さとういういしさで，こちらの心に新鮮な息吹きを送ってくれるものもたくさんある。

初心者の事例研究は概ね事例の報告書。そのケースの過程で起こったこと・感じたことをていねいに言語化するという段階のものであり，質の高さや深淵さが求められているわけではない。しかし先行研究のカタチだけを安易に踏襲して書いたのではないかと思われるものや，どこまできちんと自分の心をみつめて書いたのかと考えこんでしまうような論考にも多く出会う。書くことが"特別なこと"ではすでになく，あたりまえのルーチン作業になっている。そこに私はある種の"だらしなさ"を感じる。『紀要』のもつ，マイナスの側面だろうか。

その一方で，経験年数がある程度たった心理臨床家の事例研究の中に，学ん

だ知識にのみこまれ，それを強引にケース理解にはめ込んだり，わずかばかりの体験から安直に独自性を唱えようとする論考もみられる。心理臨床家の思考の道筋はみえてきても，クライエントの姿がみえてこないような奇妙な論考にも時に出会う。心理療法とは，心理臨床家が自分とクライエントとのかかわりを心とことばで支える関係。なのに，まるで知という高みから見下ろして専門用語だけが乱舞しているように感じられる論考もある。事例研究という手法それ自体，まだ手探りのさなかなのにもかかわらず，これまでの先達がつくりあげてきたスタイルだけをまねし，自分のうめきをことば化していない，ある種の"形骸化"が起こりつつある…そんな気がしてならない。

　私は本稿で自分の経験に基づいて，事例報告・研究のおもしろさやむずかしさ，検討を進めるうえでの課題や工夫・コツなどについて自由に随想するという，興味深いテーマを与えられた。そこで自分の歩みをふり返りながら，思いつくままに綴ってみたい。

② 自分自身の体験から―通信分析による事例検討

　ふり返ってみると，学会で報告し，それを事例研究という形でケースをまとめるようになった（田中，1992）のは，神田橋條治先生に通信分析という形のスーパービジョンを受けるようになった頃からだった。それまでにも私は，カンファレンスなどで単発的なスーパービジョンを受けることはあった。しかし先生との通信分析は，それらとは決定的に違う何かがあった。これは事例報告・検討という学びの一つの参考になると思われるので，少しその中身を述べてみたい。

　その通信分析では，1冊の大学ノートが私と先生とのあいだを往復する。私が使うのはノートの左側の部分。右側は白紙のまま。左側に私は，その時困っているケースや，それをめぐっての連想を綴って郵送する。先生は，その部分と対応する右側にコメントを添える。私はそのコメントを読んで，その事象についての思索を深める。そこで新たに考えたことが，また先生と自分のあいだを行ったり来たりする…このくり返しは，5年間集中的に続いた。

　分析ノートのなかで私はいくつものケースを時宜に応じて同時に相談した。

② 自分自身の体験から―通信分析による事例検討

先生の方には資料はいっさい残らない。そこで毎回書き出しのところで，そのケースを想起していただけそうな概略やエピソードを織り込むようにし，そのつど相談していった。下書きはしない。私の連想はあちこちに飛んでは元に戻ったり，最終的には書き出したときとまったく逆のことにたどりつくこともしばしば。それに対して先生が最後まで読んでからコメントしているのではないことは明らかだった。もし全体を読んでいたならば，そんな私の左や右に飛びまくる自分勝手な連想に「つまりは何を聞きたいの？」と困惑したに違いない。でもそんな雰囲気はみじんも感じられなかった。というよりもむしろ，ホントに対話をしているような錯覚に陥ることもしばしばだった。

　私の相手への語りかけに「ウン」「ウン」と右側であいづち。「○○という表現のほうがベター」，あることが起こったら「その時の気持ちを聞いておくように」…「転移というものが起こるのは，関係のなかでやすらぎたいという一つの工夫でもある」「一般に acting-out はしたほうがよいと無意識が判断しているのです。したほうがいいのです。そして acting-out は表面の目的と別に，もう一つの重要な目的があってしているのです」「(相手の話が) 不連続に語られるときは，そこに何とか連続を捉えようと心を澄まして聴くように」「それを語るときのあなたの雰囲気が，とても暖かでないといけない」「論理を追わない，フィーリングに焦点をあわせて」「心理療法は相手のヘドロを受けとめることだという考えは誤りです。ヘドロを資源にすることです」…等々，たった1冊のノートを開いただけでも，これらのことばが目にとびこんでくる。このようなズッシリと重く厚く，ていねいな"対話する関係"によって，私の事例検討は進んでいった。

　この分析ノートには，不思議な魔術があるようだった。最初のうち私は，困ったケースに関して，どう考えたらよいのか，何かしらのヒントを得たくてそれこそワラにもすがる思いで夢中で書いていた。しかししだいに，書きながらおのずと気づき，その気づきをも含めて書いている自分を発見した。ノートを前に，自分が自分と対話している。先生は「ノートが届いて，それを読み返してから次を書く，この中間での連想の熟成が治療プロセス」と。そのことが体験的によくわかった。と同時に，ノートに向かっている最中も連想の醗酵と醸成が勝手に起こり，自然にどうしたらよかったのか，ノートを書き終える頃に

は自分なりにわかった，つかめたと感じられるようにもなっていった。"心理面接とは本人の内省をうながすための触媒"。クライエントが"自分で自分をわかっていく…そのための応援が心理臨床家の仕事"…。心理臨床の鍵概念ともいえるこれらのことに，私は通信分析を通してつながっていくことができたと思っている。

③ 流れにのってつかんでゆく

このような体験から私は，自分がカンファレンスでのコメンターやスーパーバイザーの側に立つようになったとき，次の2つのことを大事にしたいと考えるようになった。一つは「できるだけ詳細に，その個々のケースの流れに添いながら連想を進めていくこと」であり，もう一つは「相手にできるだけ自分の考えを押しつけないで，一緒にわかっていこうとすること」である。

(1) 流れに添いながらの連想

前者に関しては，具体的にはケース提供者は，通常行われているレジュメ（ケース内容を経過に沿って詳細に記載した記録）を作らない。資料に頼らずにそのケースを語る。もちろん，できるだけ詳細に面接を想起し，ケース記録をつけておくことは大前提。本人はケース記録を見てもいいし見なくてもよい。どこから語っても，どのエピソードを取り上げてもいい。私は相手の語りに添いながら「いいぞ」「あっ，それではまずい」「そういうふうに言えば，相手は○○というふうに受けとるだろう，なぜなら…」など，気になった部分に関して，私なりの読み筋や受けとめ方を伝えていく。やりとりが語られた後で，「そうなるかなーと思ったの。なぜならね…」と，連想のひだを語る場合もある。聞きながらクライエントの問題や状態に関する見立てや仮説も積極的に語っていく。相手のどのようなメッセージから何をどのように読みといていくのか…その手の内をすべてさらす。それが結局一番わかりやすいケース理解の一つのモデル。ひとつひとつの語りから相手の心にふれていく，そのセンスを養うという心理面接に直接役立つトレーニング。事例検討会においては，コメンターが自分の頭の中にケースを"たちあげ"ていくために，事例報告をあらかじめ読んでお

くのではなく，全体を聞いてからでもなく，その場でそのつどコメントするのが好ましい，とは中井（1997）の言葉。

　通常私たちが何気なく行っているコミュニケーションは，単純なものではない。「verbal（言葉）は抽象＝外部，non-verbal は現実（内にはいってくる）」と神田橋（分析ノートから）。むずかしいケースほど，発せられたコトバの表層的なレベルで対応し，見当違いの議論になりがちになる。傷つきや苦しみを凝結させ，見えなくした結果としてのコトバの重層性に気づかず，あるいは振り回され，気づかれることを願いつつ奥深くに隠しているメッセージを受けとめ損ねる。心は常にアンビバレント。二重構造・三重構造になっている感情の綾を，その語られたことば周辺の非言語的な情報すべてを駆使して直観的に聞き取り，読み取るセンス―つまり勘どころを育てることは，情報整理され，まとめあげられたレジュメを読む形では学べない。また，私は最近，非言葉の世界を共有することができず，文字通り"語られたコトバ"だけの世界を生きていると感じられるクライエントに出会うことがある。その場合の心理臨床家の対応の基本は，「できるだけ単純に，かつ明快に」ということだろう。そのクライエントがどういう世界の住人かということを，私たちはこれまで以上にきちんと見極めなければならなくなっているのではないだろうか。このような心理臨床家としてのセンスを錬磨させていくための体験学習の場が，先に呈示したスーパービジョンであり，事例報告・検討会なのではないかと私は考えている。

(2) **押しつけずともにわかっていこうとする姿勢で**

　後者に関しては，その心理臨床家の経験年数や持ち味，力量や価値観などを抜きにしてはどのような助言もプラスにははたらかない。その人ができそうなことを一緒に工夫しながら検討していくその作業は，まさに双方の共同作業。Aさんによかった助言がBさんにはまるで届かない…ということも起こる。それは私がズレて受けとっているため。はずれている軸をあわせていくために，私は何度も自分の心に向かい，心の中をさぐっていく。無数の「はずれた」という経験としたたかなまでのそこからの立ち直りのくり返しが，心理臨床家としての自分を育ててきた。押しつけられたものはあくまでも借りもの。本物の手応え感は"腑に落ちた"ときに，生まれてくる。心理療法とは，心理臨床家

からクライエントへという一方向的な援助ではない相互作用的なものであるという，どこにでも書いてあるようなことも，体験するからわかるというもの。実感こそ命である。心理療法がうまくなるのにも楽になるのにも，近道はない。またかれかに頼るということは，助かるけれどもくやしいもの。そんなあたりまえのことも，あらためて気づくことで援助の姿勢が整っていくというものだろう。

(3) レジュメ再考

話は戻るが，いわゆる事例報告のためにレジュメをつくると，素材そのものの全体に流れ，漂っている雰囲気のようなものが伝わりにくくなる。そのレジュメが提供するのは「ある，まとまった情報をきちんと（わかりやすい順番で）提供されたときに，はじめて可能になる見通し」であり，ケースの全体像や，その心理臨床家のケース理解の特徴を把握するためには役に立つ。しかし心理臨床の現場は，よかれあしかれほとんど見切り発車。詳細にていねいに背後情報を聞くことができる場合のほうがむしろ少ない。また，先の方法で聞いていっても，その心理臨床家の癖はみえてくる。育てるべくは，いかに少ない断片的な情報のなかで状況を捉え，予測し，対処していくか，というセンス。もちろん間違ってもよい。軌道修正をそのつどそのつど，行っていけばよいのである。

このような"セラピーの勘どころ"をとぎすましていくためには，レジュメでまとめられた情報は，かえってその育成を妨げる。レジュメが活躍する理由…それは私たちが文字を読むことで思索を深める思考方法に慣れているからか。書かれた情報にすがろうとするのだろうか。くり返しになるが，心理面接の場で求められているのは，文章読解能力ではない。"耳で聞いて（それをその場で）読み取る力"である。このような，クライエントとの「いま，ここで」の心理臨床家の対応を上達させ，専門用語の理解を教科書的把握から肉感できる段階にまで近づけていくために，事例検討という場をもっと有効にかつ柔軟に活用させることを考えてもよいのではないか，と私は考えている。

そしてさらに，ケース全体の流れを鳥瞰し，生じた相互作用の質を検討したり，面接の流れをすすめたり，とざしたり，歪めたりした要因を分析し，工夫

した対応を描きだす。これが事例研究の原型だろう。自分の心の中のモヤモヤとしたつぶやきやうめきのなかから基軸をみつけだし，第三者に理解できるような文章にまでにつめていこうとするその作業は，いつになっても至難の業。なぜなら自分が何をしているのか，私たちはよくわかっていないことのほうが圧倒的に多いのだから。事例を書いてみるということは，そのケースについて"考える"という時空間に自分を追いこむこと。自分のかかわりをより自覚的に"わかる"ようになっていく。それはまた，いかにわかっていなかったかをわかろうとする行程といえるだろう。その作業がひいては，クライエントへのよりよい援助につながっていく。事例を書くことが心理臨床的援助に役立つ理由の一つは，ここにあるのではないだろうか。

④ 事例研究の一つの方向性

　私は最近，ケースを通してクライエントと対話するというスタイルの事例研究を考え，その試みを行っている（田中，1999 a, 1999 b；光元ら，2001）その一つは母子の並行面接を行い，大きなひと山を越えたところにあるケースに関して，子どものプレイセラピーの過程と母親面接の内容を事例研究という形で描きだし，それを両親と共有し，一緒にふり返って眺めてみるという試みであり，もう一つは「箱庭を置きたい」と訪れた女性の3年の間続いた箱庭による"自分らしさにつながる旅"への伴走のふり返りである。

(1) *クライエントとの共有とふり返り*

　心理療法という営みは，クライエントの何らかの問題を解決していくことを心理臨床家がその全存在をかけて援助しようとするものである。そこで扱われるのはクライエントの内的世界だが，ストーリーはその二人の共同作業。にもかかわらず，なぜかこれまで，事例研究というものが心理臨床家の側にだけ置かれてきた。書くのは心理臨床家。クライエントはそれを許可するというかかわりはあっても，そこに入る余地は与えられてはいない。事例研究というものが，クライエントと共有できるようなものではなく，あくまでも学問の深化と発展，あるいは技法の開発や対応の工夫についての専門家の側のものである，

という発想が故だろうか。

　しかしそもそも，心理臨床という学問は，心の歴史が生み出す闇の部分を扱うもの。クライエントの心の問題を，専門家のフィルターを通してだけでなく，その当事者であるクライエントとともに考えながら，起こったことを捉え直してみること。相手への侵襲性や有用性を検討し直し，技法の発展や心理臨床家としての成長に役立てつつも，同時に，クライエントの自己理解を一歩すすめる手助けに，という道を考える，ということもあってもよいのではないだろうか。この場合，すべてのケースをそうする，ということではもちろんない。これはまた，クライエントにマラソンにたとえれば，心理面接という往路に対して，復路として事例研究という形で得たものをも，より積極的に還元していこうとするいざないであるといえるのかもしれない。もちろん，これまでの事例研究のスタイルを，より充実させていくことは大事である。しかし先達が作りあげてきたものを踏襲するだけでなく，それをふまえて次世代の個々人がクライエントとの関係を考えながら，相手に益する互恵的な事例研究という視点から考えてみるのもよいように思う。

⑵　職人芸的な指導と修業

　最後に，心の問題は自然科学的な問題とは異なる。であるから，系統だったものを学んでいけば，つまりシステムが整えば立派な臨床心理士ができあがるということではない。吉良（1986）は心理臨床の学習は段階的には進んでいきにくいとして，トレーニングモデルよりもむしろ，修業的学習モデルに近いこと，むずかしくても，それをトレーニングモデルの学習に変換させていく可能性について示唆している。

　私自身も，心理臨床という実践にたけていくためには，直接的・間接的な職人芸的な指導がどうしてもいるのではないか，と考えている。知的な理解に実務が加わって，はじめて血のかよったあたたかな心理援助ができるというもの。個々のスーパービジョンやグループ・スーパービジョン，そして事例研究を書く作業を具体的に手助けすることによって，職人芸的部分を含んだトレーニングシステムが整っていけばよいのではないかと考えている。しかしハード面でのシステムが整備されてくると，それを受ける者があたりまえのようにそれを

④ 事例研究の一つの方向性

享受し，かえって失うものが多くなるという負の現象も起こりやすい。とはいえ，それもまたしかたのないこと。心理臨床は今日，やっと日本のなかに根をおろし，幹を太くし枝葉をのばしつつある。事例研究もまた同じ。この研究法もその本質をみすえつつ，豊かに広げてゆく時代に入ってきているのではないだろうか。

引用文献

神田橋條治　1989〜　分析ノートによるパーソナルコミュニケーション（未公刊）
光元和憲・田中千穂子・三木アヤ　2001　体験箱庭療法II　山王出版
中井久夫　1997　事例検討会に臨むコメンターの頭の中はどうなっているか　甲南大学臨床心理研究, 6, 1-8.
田中千穂子　1992　母子相互性の障害—ダウン症児の症例から　精神分析研究, 35(5), 431-440.
田中千穂子　1999a　Rくんと共に歩んだ成長の記録—お母さんの回想（retrospective approach）をまとめて　東京大学大学院教育学研究科 心理教育相談室紀要, 22, 24-33.
田中千穂子　1999b　はじめて相談室紀要を担当して—新しい試みへの模索　東京大学大学院教育学研究科 心理教育相談室紀要, 22, 1-10.
鶴田和美　1995　「紀要世代」の心理臨床家の成長—山本論文へのコメント　広島大学教育学部心理教育相談室紀要 心理教育相談研究, 12, 32-33.
吉良安之　1986　心理臨床の学習の仕方　前田重治（編）カウンセリング入門　有斐閣　Pp. 264-276.

終章 臨床的リアリティをどう伝えるか

　本稿ではカウンセリングや心理療法における臨床的リアリティを検討し，臨床研究として最も重視されている事例研究について，「書く」「描く」という観点から検討する。

　本稿は精神分析学会の教育研修委員会主催で行ったワークショップ「臨床的リアリティをどう伝えるか」で発表したものをもとに，その後の考えをまとめたものを追加したものである（鑪，1998）。まず，臨床的リアリティと心的リアリティの本質的な違いについて検討する。そして，心的リアリティを臨床的リアリティにどのように位置付けるかについて検討する。また，科学的論文スタイルをとった論文作成の形式的な側面として，「精神分析研究」の編集委員長の経験やら学会誌の査読者を長く経験したことをもとに，どのように表現するかについて述べる。

1　臨床経験に存在する二層性

　よく知られているように，フロイト（Freud, S.）が論文を書くスタイルは小説的技法というか，随筆的な手法によっている。事実を叙述し，それに注釈を加えていく。事実はかなり詳細に記述され，それによって読者としての私たちは状況を理解し，事例の内的世界つまり，心的リアリティを理解することができるようになっている。これは今日の日本における科学的論文と称されている論文スタイルとはまったく違った書き方のスタイルである。欧米の国際的精神分析の研究誌はフロイトのスタイルを今日も重視する形になっている。

　このような論文では，臨床経験がどのように記述されるかが中心問題となる。そこで臨床経験とことばの関連や，臨床的リアリティや臨床家の目からみた心的リアリティとの関連性をみてみたい。

　典型的な臨床論文の事例研究にあっては，何よりもまず臨床経験そのものの

1 臨床経験に存在する二層性

意味と臨床経験の関係を理解しておかねばならない。私たちが臨床経験としてまとめて描こうとする臨床的リアリティ（clinical reality）と心的リアリティ（psychological reality）は同じものではない。相談室や面接室で起こっているリアリティとそれを私たちがことばで捉えることとは一致しているとはいえない。私たちの見たもの・見ているものは心的リアリティであり，その場でのできごととしての臨床的リアリティを通して見ている，切り取られたある種の架空（虚）の世界である。

この点でことばによる記述とことばの使用そのものは，直接的経験を切り離し，知的な観察と客観化の操作となる。この点を北山（1998）は，エディプス的と称している。その意味は直接的経験をしている二者関係の中に，観察するという第三者としてのことばを介在させることになるからである。

たとえば，私たちは自分の面接のテープを聞いたときに，「これは自分の声ではない」「だれかのいたずらだ」と思った経験をしたことがないだろうか。自分の声やかかわりの認知そのものに大きなズレがみられるのである。また，小此木（1998）も指摘しているが，面接後の記憶に頼った記録とテープなどによって作られた逐語記録とのあいだには大きな差のあることが知られている。このズレの中には期待や願望も含まれるが，私たちが関係として展開していると思っていることと認知していることとが違っていて一致していないことを実感させられるのである。別に面接でなくてもよいが，それを経験したと認知している内容と外在化された記録とのあいだには大きな隔たりがある。臨床論文の作成にあたって，この認識は前提となる。

エリクソン（Erikson, 1964）はこの点に注目して論述している。彼は『洞察と責任』の第四章「心的リアリティと歴史的事実性」でこの問題を論じている。エリクソンはまず，フロイトの使った「リアリティ」（realität）という用語の多義性を指摘している。そしてリアリティ性は，直接的接触と相互作用によって確かめられるかかわりの事実性（aktualität）と区別されるべきであるとする。realität は wirklichkeit と aktualität の両義をもつことばである。したがって，この区別をしておくことが大事であるという。かかわりのリアリティ性は知覚的歪曲や妄想と違ったものである。かかわりの事実性という意味でのリアリティ（actuality）は，防衛的・攻撃的行動化といった心的リアリティの理解や記

終章　臨床的リアリティをどう伝えるか◆

述されたものとは直接的には関係がない。かかわりの事実性は参加の世界であり，他者との交わりの世界であるという。ここでかかわりの事実性が心的リアリティ性と明瞭に異なっていることを述べているのである。

　面接の状況はまさに，クライエントと面接者とのかかわりの事実が展開する世界である。そこではかかわろうとする面接者とかかわろうとする（または，かかわるまいとする）クライエントとの力動的なはたらき合いがある。この立場からすると，フロイトが述べているような治療者や面接者の中立性や隠れ身ということは存在しないと考えられる。面接という臨床の場に参加している両者は，ともに影響し合う存在として時間と場を共有しているのである。そこで面接者は何を求め，何を見ようとしているのだろうか。そして見たものをもとにどのようにかかわろうとしているのだろうか。心的リアリティの仮説的性質と，かかわりの経験と技術レベルの2つの相があると考えられる。以下に，その点について論じてみたい。

(1)　心的リアリティについての仮説的特性

　ここで，面接者の仮説的な理論が大きくはたらいていることを認識しなければならない。衣笠（1998）を参考にして述べるならば，私は少なくとも次の仮説をもって面接に臨んでいることになるだろう。第一に，私たちの心的世界の無意識過程を仮定している。それには言語的な直接的表現でないさまざまな行動，言い間違い，夢の内容，微妙な動作，行動化，連想の変化，くり返される行動などに注目している。それはリアリティにおけるかかわり世界そのものではなく，その向こうに存在すると仮定する世界である。仮定することがなければ見ることができない世界である。その無意識の仮説的内容は，喜びや悲しみ，見捨てられ感，孤独感，羨望，喪失感，などの基本的感情である。また，さまざまな自己防衛の姿であり，エディプスに示される対象関係のあり方である。ユング心理学によれば，さまざまなタイプであり，光と影であり，さまざまの個性化の表現であり，さまざまの元型の表現である。それらがさまざまな形で面接関係のなかでかかわりのなかに展開すると仮定する。

　また，クライエントは自己の過去経験を現在の自己の認知に従って再構成しながら，面接者に語る。それは面接者との現在の対人関係における経験の様態

や面接者とのかかわりの様態によって決定されるのであり，過去は語られるように体験されたものであるとは限らない。現在の時点でこの意味づけられた過去を「物語」と称している。この物語をどのように再構成しなおすかが，面接者とクライエントの面接における重要な仕事となる。

これは歴史家の仕事と相似している。岡田（2000）がいうように，歴史家は過去の資料をもとに，現在の時点から過去を再構成する。それは歴史家の歴史観によって異なってくる。また，新しい歴史事実の発見によって，歴史は塗り替えられることもまれではない。

この文章は字句を替えれば，そのままカウンセリングや心理療法状況に置き換えることができる。クライエントは過去に経験したと信じている資料をもとに，現在の時点で自分の生い立ちや心的世界を構成し，物語っている。面接のプロセスでクライエントが忘却あるいは抑圧していた過去の経験を想起したときに，これまでの過去の体験が再構成され，まったく新しい相貌をもって現われ，大きく修正されたりするのと同質であるといえよう。

面接的かかわりや面接的リアリティはかかわりそのものの事実的リアリティである。このかかわりの事実的レベルで展開する事態は，行動レベルにおける面接者とクライエントとの会話のやりとりに過ぎない。しかし，その会話のやりとりを通して面接者は仮定した心的リアリティを見てとり，これを理解しようとするのである。

このような理解の妥当性や臨床的リアリティとの照合性はどのようになされるのであろうか。その妥当性は，面接者の仮説に基づいたかかわりとしての解釈が，クライエントの行動レベルのなかに変化を引き起こしていることによると考えられる。しかし，それはそれでまた別の困難な妥当性の検討過程となってくるのである。

⑵　経験と技術

次に，面接者のかかわり経験の深まりと技術レベルとの関係を吟味しなければならない。

面接者の経験の深まりとはどういうことを意味するのだろうか。私の場合でいうと，無意識に関する仮説に従い，心的世界を見ることができるようになる

こといってよいだろう。そして，クライエントの成育史や親子関係の性質のなかに組み込まれているさまざまな自己喪失感や傷つきを理解することである。それらの苦痛の体験から自己を防衛する方法を詳細に見極めることである。そして自己防衛から作られた物語，過去への意味づけに対して，新しい意味づけ，つまり物語の修正や変更を促進していくことである。

このプロセスには，たびたびかかわり関係の事態に直面する頻度を重ねるという意味での臨床経験と心的リアリティに関する仮定がかかわりの性質を変容し，また過去の物語を変容させることを体験することなどが含まれている。スーパーヴィジョン関係のなかで，初心者が読み取れない心的リアリティを経験者が読み取り，その存在を示唆することは普段に体験することである。

問題となるのは臨床的リアリティの記述にしろ，心的リアリティにしろ，経験者と未経験者とのあいだに見えるものの相や内容に違いが存在することである。心理臨床の世界では，この問題を簡単に克服することができない。内的リアリティを記述するということは，この限界や特性が存在することを認識しながら，それでもなお自己にとって見えるものを記述する意欲があるかどうかであろう。もちろん，論文執筆者の基本的動機と論文のよしあしの質に関するものは別のことである。

(3) 経験とことば

臨床経験をことばにして語り，また論文にして書くことは大変な仕事であると思う。上に述べてきたように，書くことは臨床的活動と違ったプロセスであり，違ったエネルギーを必要としていると思われる。次に少し，自分の経験を書いてみたい。

臨床経験が「ことば」になるということはどういうことだろうか。臨床的な活動をしていれば，ひとりでにことばが生まれるであろうか。それはあり得ないだろう。まず，それでは臨床活動そのものができない。私たちは臨床活動の前にすでに，多くのことばをもっている。「心的リアリティへの仮説」ということは前節で述べた。それは臨床活動の網か枠のように私たちの臨床活動を支えている。それは一般に訓練のプロセスで得られることばである。すでに述べた治療的仮説と臨床的リアリティとして存在しているものである。学派や立場の

1 臨床経験に存在する二層性

違いによって違ったことばが用いられる。それが臨床経験を先導する。私たちは臨床経験の前にそれらのことばを獲得し、それを頼りにして手探りで臨床の場に参加していくのではないだろうか。

そしてさまざまな臨床経験をしていく。幸運な場合、「なるほど、そのとおりだ」となり、もっている仮説とことばは確認される。不幸な場合、「まったく違う。習ったことは何一つ起ってこない」となるだろう。ここではことばは別の経験を映し出す鏡の役を果たしている。治療者の心的リアリティは仮説的な世界以外のものを指し示すことになる。また、「なるほど、そうだ。しかし、そうでないものもある」といったことも少なくない。

このようなことが私たちの日ごろの経験内容ではないだろうか。ここで論文への発想がいくつかの段階に分かれると思われる。

第一は、先輩や先達（著書も含めて）から教えてもらったことが自分の臨床的経験として起こった喜びをまとめてみたいという幸運な動機である。この場合、論文の性質としては、「追試論文」という形をとる。これは当の個人にとってたいへん貴重な臨床記録になる。学会発表の動機のなかにも、このような経験をまとめたいというものが多い。

ここで書かれる内容はおもに先達の発表した著書や論文に示されているアイデアについて、自分も臨床の場で経験したので発表したいという趣旨をもつ性質の論文である。それは当の臨床家と有力なことばを発する経験豊かな臨床家との同一化を土台にしていることが多い。これは臨床家の日常のあらゆるレベルで示されるだろう。また、主たるアイデアに多くのバリエーションが発見され、新しいことばがつけ加えられていく。

第二は、さらに経験が深まった段階で起こるように思われるものである。確かに、先達や先輩のことば通りのことが経験的に確かめられ、臨床経験はそのようなことばで説明することができるし、記述することができる。しかし、何かそれだけでは説明しつくせないものがあるように思われる。それは何だろうと熟考を始める時期である。この時には、なぜ他の臨床家のことばと自分の経験とがズレるのかについて正確な認識（つまり、自分のことばをまだ有していないし、生まれていない）にいたっていないので、そのズレをどう表現してよいのか苦しむのである。それは第一のところで述べた単に似た経験のバリエー

ションを探すというより，もっと本質的なものである。

　ここで臨床家は2つに分かれるようである。

　一つはそこで使われていることばをこれまでの既存の理論に頼って使い，説明していこうとする人と，反対に自分のことばで説明して，既存の理論やことばからしだいに離れ，やがて自分のことばを中心にして記述し説明していこうとする人である。前者の場合，一種のコピー機械あるいはコピー人間のようになってしまう。そのような論文に出会うと，読者としては戸惑うことが多い。日本の場合，前者が少なくないのではないだろうか。

　後者の場合，論文を書く表現熱というより，内的な混乱や困惑を体験していることが多いので，論文を書いていくプロセスも一時的に寡作になり，論文のレベルにも混乱が現われることもある。しかし，これはオリジナルになるための経験的な前提と考えられる。

　第二は，自分の臨床を自分のことばで説明し記述していく臨床家である。このような論文はオリジナルであるといえる。その場合，今度は評価がむずかしい。たとえば，「精神分析研究」の編集の場合，そのオリジナリティを評価することを任されているが，査読者がもつことばとの違いによって，そのオリジナリティを見誤るということもある。これは精神分析以外の世界でもあることかもしれない。精神分析の創成期にフロイトが被った学会からの反撃や拒否はこのようなものであったといえるだろう。

　編集者や査読者の責任はこのような論文の評価において大きい。これはフロイトが述べている「抵抗」の一種であると考えられるかもしれない。従来の公認されたことばと新しいことばがどのように受容されていくかは，精神分析のアイデアの歴史を見てもわかることである。自我心理学，対象関係論，自己心理学，対人関係論など，精神分析の論争の歴史は公認されたことばと新しいことばとの争いの歴史であるということもできるのではないだろうか。

　このようなことばの弁証法的な争いの歴史が心理臨床や精神分析そのものの特質であるかもしれない。それによって心理臨床や精神分析は学問として，また臨床技法の体系として大きくなり，組織化されてきたのではないだろうか。このようなレベルのことばの世界に参加するのは，たいへん魅力的なものとなる。そのための基礎としては，徹底した臨床活動を続けて臨床経験を積んでい

くことしかないのではないだろうか。

⑷　経験の組織化

　しかし，ただひたすら臨床的活動を続け，臨床経験を積めばいいというものでもない。臨床経験は必須のものであるが，ことばの生成にはそれ独特の「傾向性」といったものが必要ではないだろうか。比喩的にしかいえないが，知的な判断や公認されたことばを越えたところにあるものを察知する何か直感的な感覚といったものである。ことばの世界と臨床経験の中に浸り，埋没し，何かをつかもうとしないで待っていると，どこかから湧いてくるような，雲がしだいに一つの形になっていくような，しかも別の瞬間には崩れ去ってしまうような世界のできごとに注目する心のありようである。それはやがて，「こんなことばでいうとそれに近いかもしれない」というような内的なプロセスである。この臨床の海に「浸る」ということと，「ことばを待つ」という姿勢が，新しいことばを生み，臨床を一歩広げるものになるのではないだろうか。

　臨床科学の研究とは，このような性質をもっているのではないだろうか。これには時間がかかる。このことは他の領域の人々が，心理臨床家の研究論文の少なさや経験重視について十分な理解を示すことのむずかしさにもつながると考えられる。

⑸　論文を書く動機

　ことばを紡ぐ動機にはさまざまなものがあろう。自己愛，権力欲，支配性，顕示性，発見の喜び，その他の動因や欲動が関与しているだろう。それは上に述べたどのレベルにおいても作用する。それはそれでよいだろう。というのは，ことばは一つの動機によって紡がれるのではなく，いろいろの動機によって紡がれるだろうから。そしてそこから生まれたことばが共有され，公共のものになったとき，公認されたことばとして心理臨床や精神分析など私たちの臨床を進めることに役立つものになるだろう。

⑹　境界としてのことば

　心理臨床や精神分析のことばは常に，「境界」にあるところがむずかしいよう

に思われる。事実のみをいくら記述しても，そのレベルでは正確であっても心理臨床や精神分析にはあまり意味をもたない。逆に，内的な経験過程や幻想・空想の世界のみの記述では共有されたものとなりにくい。その両者が常に統合されて記述され，ことばとして存在しなければならない。そのようなことばをみつけるには，ゆっくりとした経験の蓄積とことばの生成をめざすことが必要である。それは一人では不可能である。同じようなプロセスを歩んでいる人のことばとの論議が必要であり，その刺激こそ経験の一つの側面をことばにすることができるのだと考えられている。

② いわゆる学会誌論文の諸側面

しかし，わが国においてはこの伝統的スタイルをもって学会誌の論文として投稿することはできない。学会誌ははっきりした形式をもっている。それに従わない場合，論文の質の如何を問わず，拒否することになるだろう。したがって，これまで述べてきたフロイト・スタイルの臨床論文を求める場合，施設や大学やカウンセリング・センターなどの紀要や著書論文という形をとることになるだろう。これは科学論文とは何かということに関する理解の違いによるものであろう。現在の科学論文に求められるのは，ことばの多義性を排除し，臨床的事実と心的リアリティ間の照合性を高めることを目的として書かれることだからである。以下には，この点からの論文作成の特徴と問題点についてのべることにする。

「心理臨床学研究」や「精神分析研究」など学会の機関誌は臨床科学の学術雑誌として，それなりの形式をもっている。その形式が最もよくアイデアを表現し，アイデアを検討することに向いていると考えられている。その形式に従って論文は発表される。一般には「執筆規定」として「きまり」が定められている。まず論文を書くということは，その執筆規定に従うということを知っていなければならない。それはあたりまえということになるかもしれない。しかし，なかには投稿者はほとんど執筆・投稿規定を読んでいないのではないかと思われることがある。

自己の内的な臨床経験をことばで表現することは案外むずかしい。この点に

ついては以下のことを注意すれば，形式的なことはクリアするのではないかと思っている。それらは「研究目的」「関連先行研究文献」「内容」「事例の扱い」である。以下にそれらを説明したい。

(1) 研究目的

あたりまえのことであるが，ことばで何を表現したいかはっきりさせる必要がある。そしてテーマを一つに絞る必要がある。何かを書きたいという意欲の中には，自己のアイデアが内的に一種の熱をもって表現を求めている。この書きたいという衝動によってつき動かされている場合が多い。義務として書いているということもあるが，何を書くかということになるとやはりそこには希薄ではあっても書きたい衝動が存在していると考えられる。書きたい衝動の大小はあっても，書きたいアイデアや経験が存在していると，それを全部表現したい気持ちがはたらく。ところがそれを全部表現しようとするために，書かれた論文内容にいくつかのテーマが混在してしまい，結果として混乱した論文になってしまうことがある。

そのことは論文題名によく示される。書きたい内容を題名に網羅しようとすると，長い題名になり，結果として何を目的にし，問題にしようとしているのか題名からでは察知できなくなってしまうのである。またすべてのアイデアを網羅しようとして題名が大きすぎたり，漠然としすぎたりしてしまう。したがって経験的にいうと，適切な題名がつけられているということは内容のすぐれた論文であることが多いようである。論文題名を慎重に選ぶことが書こうとする内容の整理に役に立つのである。論文題名が長かったり，不明瞭であったりした場合，いろいろの内容が混在している可能性が高く，要注意である。目的にそった適度に具体的な題名を選ぶことが大切である。日本語論文も，欧文要約も，簡明な題名をつけるように心がけることに意味があると思う。

また，論文要約としてつけられる欧文題名は一般的に説明調になりやすい。文章が長いうえに，何を主題にしているかわからないということが少なくない。また，要約の文章を欧文で書くということが私たちにとって大きな仕事であることは，欧文を駆使するという教育の問題を超えた文化的な問題があるのではないかと思われることが多い。

終章　臨床的リアリティをどう伝えるか◆

(2) 関連の先行研究論文

　心理臨床は50年の歴史があり，精神分析の臨床に関してはおよそ100年の歴史がある。これまでの臨床的経験やアイデアは何らかの形で論文か書物として出版されていることが多い。自分独自のオリジナルなことはそれほど多くはない。しかし，自分にとって魅力的なアイデアをもち，一種の熱につき動かされて書いていると，関連する主題に関する論文が眼に入らないことも少なくない。関連の文献に眼を通すことは自己の経験を再吟味し，表現しようとする道具としてのことばを広げることであるから，きっちりと取り上げるべきである。ことに問題なのは，「心理臨床学研究」や「精神分析研究」に原稿を投稿しているのに，それらの学会誌にすでに掲載されている関連の研究論文すら引用されていないものがあることである。これは研究者の不注意や不用意，そして怠慢を示している。

　文献の引用で，文章を引用した場合には著書のページを記入するのが礼儀(倫理)である。また，引用していなくとも同じアイデアや類似したアイデアを記述している場合には，同じアイデアをもつ先行の研究者の名前を表記して敬意を表すのが礼儀である。これらの点について，自己のアイデアのオリジナリティや独自性を主張しようとして意図的に無視してしまうことも少なくないので注意を要する。

(3) 内容について

　論文内容はどんな順序で記述されるだろうか。形式からいうと，「目的」「関連の先行研究」「事例の提示」「討論と考察」がくる。これがバラバラで記述のうえで秩序立っていないことが少なくない。これらの形式は論文として発表する場合，最も適切な形式として考えられて規定されているものである。この形式に従うと，一定水準以上の論文になるのにもかかわらず，わざと形を崩したような形式を無視したものがある。その場合，文章のスタイルで特色を出し，オリジナリティを主張するという内的志向がはたらいていることがないでもない。アイデアの性質自体が文章の形式や論文の形式にそぐわないということもあるかもしれないが，ここにあるのは岡野(1998)がいうように，論文を書く動機にひそむ自己愛的欲求を満たそうとする動機であろう。より個性的である

ことが，よりオリジナルであるように思われて，自己が周囲から際立つ位置を得られるのではないかという願望である。論文を書く動機の中に，人に認められたいという自己愛的欲求はあっても，その願望の自覚と欲求の統制がある程度ないと論文としては成功しないだろう。

(4) 事例について

事例の提示の場合，当然のことながら事例のプライバシーに最大限の注意を払う必要がある。事例の一定量以上の提示にはクライエントの許可を必要とする。ことに面接過程を含めて事例が長く提示され，面接の時間的経過によって細かく検討されるような場合には許可なしに掲載することはできない。

また，すべて臨床面接中や面接終了直後の事例は論文の例示として適切とはいえない。というのは，まだ変化する要因が内在しているのでアイデアや要因を説明する資料としては適切とはいえないのである。さらに，論文にしようとして記述していくプロセスに問題が生じる。すでに本稿のはじめに検討したように，書くという行為は内的経験を客観化する行為である。主体的な経験に心的な距離を与えることによって，内的な経験を観察可能にするのである。この心的距離のとり方が臨床の場におけるかかわりの性質を変化させてしまいやすい。そして，それまで積み重ねられた場での主体的経験のかかわりの性質を変質させるのである。

また，心理療法研究や精神分析研究の場合，面接構造はとくに重要なので，面接回数，期間，面接時間，場所，寝椅子の有無などを明記しておく必要がある。当然のことながら，事例の提示は論点の実証のためである。その目的を満たすための実証的提示があれば十分であり，それ以上の資料の提示は必要ではない。一般的にみて，事例の資料としての提示には工夫が要ると考えられるものが多い。必要以上に情報量が多い場合や，反対に周辺事情が不明のため，論証的資料となっていない場合が少なくない。

以上，臨床的リアリティをどのように表現するかについて大きく2つの点から述べた。一つ目は，臨床的リアリティと心的リアリティとのあいだには大きな溝が存在すること。心的世界に対する仮説的なことばが私たちの臨床を支え

るが，この世界の記述は臨床的事実性をふまえており，心的リアリティとの関係を「虚実皮膜の間」（近松門左衛門）で行い得るようになることに論文作成の要点があると思われる。二つ目は，論文を書くにあたってフロイト・スタイルをとるか学会論文スタイルをとるかによって，記述する内容も記述するしかたも大きく異なることがあることを認識することが重要である。

引用文献

Erikson, E. H. 1964 *Insight and Responsibility*. New York : W. W. Norton. 鑪 幹八郎（訳）1972 洞察と責任 誠信書房
衣笠隆幸 1998 臨床的事実とは何か―臨床過程の記録から発表まで 精神分析研究，42，17-22.
北山 修 1998 精神分析の論文と言葉 精神分析研究，42，6-11.
岡田英弘 2000 歴史とは何か 文芸春秋社
小此木啓吾 1998 臨床的リアリティをどう伝えるか 精神分析研究，42，23-30.
岡野憲一郎 1998 臨床論文と自己愛 精神分析研究，42，12-16.
鑪 幹八郎 1998 臨床的リアリティをどう伝えるか―形式の面および「経験とことば」 精神分析研究，42，2-5.

あとがき

□「失敗学」としての事例研究 □

　近年，心理学研究法に関する優れた書籍が次々と刊行されている。しかし，心理臨床の事例研究のみに特化した内容の書籍は不思議なことにない。前例がないだけに本書の執筆と編集をして，改めてむずかしいテーマであると思った。編者の力量をもかえりみず，このような本を編集しようと思った，私の心底にある経験の一部を少しばかり述べてみたいと思う。

　私が心理臨床の実践を始めて25年余り，この間に公の場で事例報告をした経験はそう多くはない。思い返すと，私の報告のおもな動機はいつも同じであった。すなわち，「どうしたら面接の危機を抜け出すことができるか，何かヒントがほしい」と，それだけであった。その最初の報告が統合失調症の青年との面接過程であった。たしか昭和51年頃だったと思う。京都大学・広島大学・九州大学の3大学院の院生が集う夏の研修会で，緊張しながら事例のプレゼンテーションをしたのを今でもよく覚えている。面接関係の進展とともに，私が青年の被害妄想のなかに取り込まれて，行き詰まった。そして，彼との物理的「距離」をおく以外に対処の術がなかった。研修会で検討後しばらくして，定期的な支援は幕を下ろしたが，それが最初の難渋した臨床経験であった。

　やがて，もっと大変な経験をした。それはボーダーライン人格障害のクライエントとの長期にわたる面接過程において生じた。クライエントの見捨てられ不安のために面接関係で心理的に距離がとれなくなり，身動きできなくなった。私の都合で面接を休んだり，私の反応が相手のニーズに応えていないと，彼女の鬱屈した怒りがさまざまな形で行動化された。とくに深夜の電話攻勢には参った。私のストレスと不快感は頂点に達したが，どうしても逆転移が消化できない。いわゆる転移・逆転移の落し穴に落ち込んでいることは理屈ではよくわかっているが，実際には自分の感情がうまく処理できなかった。電話の音にもビクリとし，情緒的なアレルギー反応のような状態に陥った。

　考えあぐねて「ケース・セミナー」に事例を出して，著名な講師から何か示唆を得ようと決意して，事例報告の資料作りを始めた。私の内面の重苦しい不安と無力さ，不条理感などを報告論文へと変換していった。転移・逆転移の様相に関する私なりの読みを文章化していった。すると少しずつ私の内面に沈殿

している異物が徐々に消化されていくのを感じた。アレルギー反応が弱まってきた。セミナーでのコメントより，「書くこと」のほうが役に立った。このストレスマネジメント法に，私は「(事例) 論文療法」と名前をつけた。要するに，書くことによる癒しの効果が生まれたのであろう。

　私の臨床家としての成長の源は，いわば難渋した事例，うまくいかなかった事例にある。私の心は深く傷つき，不安を抱えながらも，覚悟を決めて課題と向き合うことで内面の何かが変わっていくのがわかった。自らの苦しい経験に向き合うことは変わることだと思った。挫折から生き残ることは変わることだと思った。そうとしか思えない。それが経験の深まりということであろう。

　だから，私にとって事例研究は（デフォルメしていえば）心理臨床の「失敗学」といってもよい。そして，ありていに告白すれば，それが私を成長させたとも思う。これからも「臨床の失敗学」あるいは「援助者の危機」について検討していきたいと思う。成功した事例はなぜうまくいったかよくわからないが，失敗した事例はどこが悪かったかふりかえればわかることが多い。そこには，「クライエントから学ぶ」という常套句では言い尽くせない，パトス（受苦）的な学び，それにともなう経験の根源的な変貌があると思う。

□ 本書の構成 □

　つぎに本書の構成について説明しておこう。第1部の3つの章は事例の報告と研究に関する基礎概念と職業倫理である。心理臨床実践の重要な研究方略である事例研究について，編者なりの整理を試みたものである。ただ「実践」方法としての事例研究と「研究」方略としての事例研究があまり区別されずに論述されているが，その点の整理は残された課題だと自覚している。3章は事例研究に関する倫理の問題である。この問題は今日的な重要テーマと考え，心理臨床学会の倫理委員長（依頼時）にお願いして基本的な課題について執筆していただいた。

　第2部の4章から7章までの各章は，書名である「事例研究の進め方」に直接応えようとした内容である。編者としては，面接記録の取り方⇒事例報告の資料作成のしかた⇒事例報告・研究の手順⇒プレゼンテーションのやり方，と時系列的に章立てをした。ただし，複数の著者が個性的に各章を執筆している

ので，読者の関心に応じて独立して読まれてもよいであろう。

　第3部は事例研究の発展と応用である。本書は個別の臨床事例の報告や研究の進め方を機軸に構成しているので，そこから漏れ落ちた事例研究のあり方や新たな工夫を論述した。8章は個別の心理療法とは異なる家族やグループの事例研究の実際について論述されている。また，9章では歴史的人物を対象にした三人称の事例研究の手法について述べられている。さらに，10章と11章は他の章と異なり著者のパーソナルな経験が記述されている。これは編者が「事例研究に関する個人的な経験や工夫」を語ってほしいととくに依頼したからであり，おのおのに魅力的な論文になっている。

　最後の論文（終章）は，二人の編者の恩師である鑪幹八郎先生に執筆いただいたものである。多くの事例論文の査読とコメントを経験された立場から，「臨床的リアリティをどう伝えるか」を論考した内容となっている。また，後半は学会誌への投稿論文を書く前にぜひ読んでおくと大いに役立つ具体的な指針が示されている。

□ 編者のこと，出版の経緯 □

　前述したように編者の二人は広島大学大学院の鑪ゼミ（教育・臨床講座）の最初の世代であり，長年の仲間でもある。私たちは平成9年度に鑪先生を指導教授として学位論文を母校に提出した。山本は「喪失と悲哀」に関するテーマ，鶴田は「学生相談」に関するテーマであったが，両者とも長年蓄積してきた臨床事例の研究を軸にしてまとめた。苦労しつつ論文を書きすすめながら，事例研究についてじつに多くのことを考えさせられた。改めて気づいたことは事例研究法に関して参考にすべき文献がきわめて少ないことである。いわゆる「事例研究運動」が始まって久しいのに，事例研究法に特化した系統的な文献がほとんどない。大学院で学生に事例研究の方法について指導する際の手引書もない。そこで「なんとかして事例研究の手引きができないか」と考えるようになった。そんな時，たまたま後輩の辻河さん（5章担当）と事例報告の指導書の必要性について意見交換をする機会があった。そこで，日本心理臨床学会で北大路書房の西村さん・石黒さんとお会いし，私の企画をお話しして，本として出版することに決定した。

あとがき◆

　学生・院生や若い臨床心理士だけでなく，心理臨床実習を担当する指導者にも利用できる内容にしたいと考えた。穏やかな笑顔で「2000年の秋には出版しましょう」といわれた石黒さんの提案にもかかわらず，諸般の事情のため，出版が一年遅れになってしまった。その間に一般心理学や臨床心理学の研究法に関する書籍がいくつも出版された。また，事例研究をめぐる状況も少しずつ変貌しつつあり，事例研究の新たな方法の開発も求められている。そのための一つの踏み台としても本書を利用していただければ幸せである。

　最後に，原稿の集まるのを待ちつつ，かつ編集の進展を辛抱強く促して下さった北大路書房編集部の石黒憲一さんに心より感謝申しあげるしだいである。

　　平成13年6月17日

　　　　　　　　　　　　　　　　　　　　　　　　編者代表　山本　力

執筆者一覧（執筆順）

◆

山本　力（やまもと　つとむ）　　■就実大学大学院教育学研究科，　　　　　　　　1章・2章担当
＊編著　　　　　　　　　　　　　　岡山大学名誉教授

野島　一彦（のじま　かずひこ）　　■跡見学園女子大学教育学部，九州大学名誉教授　　3章担当
　〇著書　臨床心理学への招待（編著）　1995　ミネルヴァ書房
　　　　　パーソンセンタード・アプローチ（共編著）　1999　ナカニシヤ出版
　　　　　エンカウンター・グループのファシリテーション（単著）　2000　ナカニシヤ出版

菅野　信夫（かんの　しのぶ）　　　■天理大学大学院臨床人間学研究科　　　　　　　4章担当
　〇著書　アセスメント（臨床心理学2）（共著）　1991　創元社
　　　　　心理療法の展開（臨床心理学大系18）（共著）　2000　金子書房
　　　　　青年期の課題と支援（共著）　2000　新曜社

辻河　昌登（つじかわ　まさと）　　■USA. W.A.ホワイト研究所　　　　　　　　　　　5章担当
　〇著書　アイデンティティ研究の展望Ⅳ（共著）　1997　ナカニシヤ出版
　　　　　教育現場に根ざした生徒指導（共著）　1998　北樹出版
　　　　　子どもの心理臨床（共著）　1999　北樹出版

鶴田　和美（つるた　かずみ）　　　■名古屋大学名誉教授　　　　　　　　　　　　　6章・7章担当
＊編者

亀口　憲治（かめぐち　けんじ）　　■国際医療福祉大学大学院医療福祉学研究科，　　8章担当
　　　　　　　　　　　　　　　　　東京大学名誉教授
　〇著書　家族システムの心理学（単著）　1992　北大路書房
　　　　　現代家族への臨床的接近（単著）　1997　ミネルヴァ書房
　　　　　家族臨床心理学（単著）　2000　東京大学出版会

名島　潤慈（なじま　じゅんじ）　　■山口学芸大学大学院教育学研究科・教育学部　　9章担当
　〇著書　夢分析における臨床的介入技法に関する研究（単著）　1999　風間書房
　　　　　新版　心理臨床家の手引（共編著）　2000　誠信書房

内藤　哲雄（ないとう　てつお）　　■信州大学名誉教授　　　　　　　　　　　　　　10章担当
　〇著書　PAC分析実施法入門：「個」を科学する新技法への招待（単著）　1997　ナカニシヤ出版
　　　　　無意図的模倣の発達社会心理学：同化行動の理論と実証研究（単著）　2001　ナカニシヤ出版

田中千穂子（たなか　ちほこ）　　　■学習院大学文学部　　　　　　　　　　　　　　11章担当
　〇著書　母と子のこころの相談室（単著）　1993　医学書院
　　　　　乳幼児心理臨床の世界（単著）　1997　山王出版
　　　　　ひきこもりの家族関係（単著）　2001　講談社

鑪　幹八郎（たたら　みきはちろう）■広島大学名誉教授，京都文教大学名誉教授　　　終章担当
　〇著書　アイデンティティの心理学（単著）　1990　講談社
　　　　　恥と意地―日本人の心理構造（単著）　1998　講談社
　　　　　精神分析的心理療法の手引き（監修）　1998　誠信書房
　　　　　鑪幹八郎著作集Ⅰ～Ⅳ（単著）　2003～2008　ナカニシヤ出版

◆編者紹介◆

山本　力（やまもと　つとむ）
　1950 年　兵庫県姫路市に生まれる
　1979 年　広島大学大学院教育学研究科博士課程満期退学
　　　　　博士（心理学），臨床心理士
　現　在：就実大学大学院教育学研究科教授，岡山大学名誉教授
【著書】アイデンティティ研究の展望 I（編著）　1984　ナカニシヤ出版
　　　　精神分析的心理療法の手引き（編著）　1998　誠信書房
　　　　新版 心理臨床家の手引（共著）　2000　誠信書房
　　　　喪失と悲嘆の心理臨床学（単著）　2014　誠信書房
　　　　境界に生きた心理臨床家の足跡―鑪幹八郎からの口伝と継承（共著）　2016
　　　　ナカニシヤ出版

鶴田　和美（つるた　かずみ）
　1951 年　愛知県に生まれる
　1977 年　広島大学大学院教育学研究科博士前期課程修了
　　　　　博士（心理学），臨床心理士
　現　在：名古屋大学名誉教授
【著書】大学生の個別相談事例から見た卒業期の意味　1994　心理臨床学研究，12(2)
　　　　学生相談における時間の意味　1995　心理臨床学研究，12(4)
　　　　学生相談と心理臨床（分担執筆）　1998　金子書房

心理臨床家のための
「事例研究」の進め方

| 2001 年 9 月 1 日　初版第 1 刷発行 | 定価はカバーに表示 |
| 2017 年 3 月 20 日　初版第 6 刷発行 | してあります。 |

　　　　編　　者　　山　本　　　力
　　　　　　　　　　鶴　田　和　美
　　　　発 行 所　　㈱北大路書房
　　　　　　　　〒603-8303 京都市北区紫野十二坊町12-8
　　　　　　　　電　話　(075) 431-0361㈹
　　　　　　　　F A X　(075) 431-9393
　　　　　　　　振　替　01050-4-2083

©2001　印刷／製本　㈱太洋社
検印省略　落丁・乱丁本はお取り替えいたします
ISBN978-4-7628-2227-8 Printed in Japan